Do ódio ao Amor

Do ódio ao Amor

Celso Santos
Espírito Louis

Mundo Maior
Editora e
Distribuidora
FUNDAÇÃO ESPÍRITA ANDRÉ LUIZ
DESPERTANDO CONHECIMENTO

Mundo Maior Editora
Fundação Espírita André Luiz

Diretoria Editorial: Onofre Astinfero Baptista
Editor: Jorge Alexandre de Lima
Assistente Editorial: Marta Moro
Capa: Leonardo Lopes
Diagramação: Guilherme Odone
Revisão: Equipe Mundo Maior

Rua São Gabriel, 364 A
Guarulhos/SP - CEP 07056-090
Tel. (11) 4964-4700

www.mundomaior.com.br
e-mail: editorial@mundomaior.com.br

1ª edição - 2012

Dados Internacionais de Catalogação na Publicação (CIP)
(Câmara Brasileira do Livro, SP, Brasil)

Louis (Espírito).
Do ódio ao amor / espírito Louis ; [psicografado por Celso Santos]. -- São Paulo : Mundo Maior Editora, 2012.

1. Espiritismo 2. Psicografia 3. Romance espírita I. Santos, Celso. II. Título.

12-08956 CDD-133.93

Índices para catálogo sistemático:

1. Romances espíritas psicografados :
Espiritismo 133.93

SUMÁRIO

APRESENTAÇÃO

Em uma época distante; na qual a introdução da luz se fez necessária em um coração longínquo do amor, víamos a Providência Divina acionando os dispositivos da evolução por meio das leis do Trabalho e do Progresso, como força propulsora e reveladora, dentro do processo de um aprendizado assimilado e vivificado pelo ser em ascensão.

Amigos, tenhamos forças para superar nossas dificuldades.

Jesus é conosco em todos os momentos, acreditemos.

Desencarnamos e reencarnamos inúmeras vezes em busca do melhoramento interior, por isso sejamos felizes em nossas trajetórias, reflitamos sobre nossas condutas e pensamentos.

Busquemos a ascensão dentro do processo regenerativo da corrigenda do espírito, aproveitando para fazer do hoje um trampolim para a transição como aprendizes do amor.

Recordemos: Ninguém ama a Deus se antes não amar o seu próximo, assim como ninguém ama o seu próximo se não amar a si mesmo.

Que o Pai nos abençoe hoje e sempre

Louis (Espírito)

PREFÁCIO

A MÚSICA E O MÚSICO

Celso Santos sempre me encantou pela sensibilidade, pelo idealismo, amor à arte e à música e agora pela literatura, provando que é um Espírito que vem há séculos desenvolvendo suas potencialidades, inclusive pela arte.

Recebi, via *e-mail*, alguns capítulos para "entrar no clima" e estou com o problema de saber o fim da história do músico que, embora ligado à arte, permanecia com os pés profundamente mergulhados no barro do nosso planeta azul. A possibilidade de transcendência — proporcionada pelos sons harmoniosos que muitas vezes lembram o canto dos anjos — não foi alcançada por Frederic porque permaneceu escravizado aos interesses efêmeros, ao imediatismo daqueles que não compreenderam a finalidade da existência. Todos nós, em inúmeras encarnações, mais do que seriam necessárias no Construtivismo Divino, permanecemos ilhados nos nossos preconceitos estéreis, no desejo de vencer na horizontal, quando indispensável é a projeção na vertical, o religar-se às luzes universais.

Jésus Gonçalves, que não escolheu a arte, mas a guerra, para obter as experiências libertadoras da ignorância que impede a nossa felicidade, nos apresentou no livro *Perdoa* as dificuldades para nos projetarmos no *"amai ao próximo como a si mesmo"*, provavelmente porque ainda não nos amamos, conscientes das nossas dificuldades na prática do Amor. Somos analfabetos funcionais na expressão do verdadeiro Amor exemplificado por Jesus.

José Herculano, no seu trabalho "Pesquisa sobre o amor", estuda a projeção do ser da Terra no *"charco do amor"*, incapaz, em suas múltiplas vivências, de escolher o caminho que lhe convém, como diria Paulo de Tarso, *"aquele que, aparentemente estreito, o conduziria ao jardim florido da tranquilidade de Espírito, da paz interior"*. Tentando iludir o próximo, somos os grandes enganados, criando enormes dificuldades. Um pensamento de amor verdadeiro, gestos de desprendimento na compreensão da dor do outro mudariam o teor de nossas encarnações. Cada indivíduo tem seu tempo de maturidade, mas nos excedemos no repisar das encarnações viciosas, permanecendo, por séculos, no egocentrismo, só suportável nas crianças até 4 anos de idade. Vaidosos, tolos, tentamos encontrar a felicidade magoando, lesando, ferindo e ficamos com as mãos vazias, sofrendo pelo deserto que criamos em nosso coração. Seria tão fácil seguir o caminho do Bem, mas só começamos a aprender séculos após recebermos os conselhos ministrados por irmãos mais velhos, desde o horizonte tribal. Se respeitássemos o outro e agíssemos com a dignidade que nos é própria, "deuses e luzes criados à imagem e semelhança do Pai", o nosso planeta estaria na ordem dos felizes.

Assim, Frederic, olhando apenas para si próprio, esquecido de que lidava com corações amorosos dignos de respeito, mergulha no charco do Amor e sofre ligando-se a entidades necessitadas que, no amor-ódio, tentam destruí-lo, não percebendo ainda que lesando e ferindo o próximo estamos nos impedindo de sermos felizes. Os indianos dizem que qualquer ferimento provocado em qualquer ponto da Terra ou no coração do nosso Irmão volta a nós exigindo correção.

O Espírito Louis, por intermédio da mediunidade de Celso Santos, narra como o músico Frederic foi tecendo o seu sofrimento e permitindo que mentes extrafísicas o auxiliassem na construção infeliz, criando problemas que o fariam sofrer. Escolheu o caminho da dor, o mesmo eleito por nós em tantas encarnações, quando o convite, bem claro na "Parábola do festim de núpcias", era para a alegria do comparecimento a um grande banquete nupcial, a uma festa de luzes. Mas, como explica a parábola, recusamos e espantamos os que nos convidavam. O critério exigido era o de que nos vestíssemos com a couraça da Fé e do Amor, apresentada pelo Apóstolo Paulo de Tarso.

Os que não quiserem acompanhar a evolução terão novas oportunidades em mundos ainda de necessidade e dor, não por castigo, mas porque só neles encontrarão o alimento espiritual que lhes é próprio. Vamos desenvolver em nosso interior luzes para continuarmos no mundo de paz. Provavelmente civilizações que conseguiram o desenvolvimento espiritual no planeta azul voltarão dando as mãos aos Irmãos que finalmente atenderam ao convite para a felicidade.

Não vejo a hora de ter o livro de Celso nas minhas mãos para devorá-lo com os olhos e descobrir como Frederic encontrou o caminho para a libertação interior.

Leonardo Boff conta a história que os índios Carajás intuitivamente inventaram sobre peixes tolos que, mergulhados em um lago cheio de lama, julgam que o pedaço escuro é tudo que existe. Com os olhos cobertos pela lama, recusam o convite de um Irmão curioso, um peixinho esperto, para mergulharem na luz de um grande bloco existente no fundo do lago. Quando o peixinho projeta-se na dimensão iluminada, encantado com o mundo de formas e cores, volta para convidá-los a segui-lo e é espancado, escorraçado. Os tolos temem a Luz da Verdade. Mas não é assim que temos nos comportado no tempo e no espaço? Peixes tolos fugindo da Luz e do Amor verdadeiro? Os Carajás apresentam a verdade de forma clara e, embora a tenhamos escutado, ainda hoje temos dificuldade de compreendê-la. Creio que os peixinhos só deixaram o lago quando uma seca terrível os expulsou. Então conseguiram por um fiozinho de água chegar ao oceano e só então começaram a compreender o que o Irmão curioso lhes disse.

Meu pai, José Herculano, explica que *"nossas dificuldades aumentam porque não nos compreendemos em nossa grandeza espiritual, filhos da Luz, destinados a um progresso infinito"*.

Criando a imagem que somos filhos do pecado e da dor, expressamo-nos como tal. Escolhemos o sofrimento e escravizamo-nos ao carma negativo, esquecidos do positivo e da possibilidade de mudarmos a trajetória quando desejarmos, transformando dificuldades em facilidades.

O músico Frederic está no descompasso da ignorância do seu destino especial, mas, queira ou não, Deus o fará amadurecer e recursos vários, entre os quais o da dor, possibilitarão o mergulho na Luz da Verdade, o abandono do barro da Terra.

O meu coração bate em um ritmo de felicidade no reencontro do Irmão que, por meio da arte, convida o próximo para o encontro com a Verdade que convencionamos chamar de Espiritismo, mas que é a compreensão do nosso destino: filhos da Luz, criados para a Luz, destinados à felicidade plena.

Frederic se iluminará... Tenho certeza!

Heloísa Pires
Expositora Espírita

CAPÍTULO I
FREDERIC BARSON

Era inverno. O músico caminhava rapidamente em busca de respostas que tranquilizassem o seu coração. Confuso, não compreendia por que o sofrimento resolveu bater à sua porta, as lágrimas escorrerem por sua face, a tristeza a povoar e a atormentar seus sentimentos, levando-o ao desespero e ao desequilíbrio. Anos de uma vida repleta de realizações, uma carreira bem-sucedida, um convívio razoável com aqueles que o estimavam e o idolatravam por suas habilidades com a arte. Mas, lá no íntimo, algo lhe faltava e, naquele momento, a alma daquele homem se voltava aos lugares mais profundos de sua própria consciência...

Em uma existência anterior, vamos encontrar a figura de Frederic Barson, personalidade altiva, possuidora de grandes posses e de um orgulho tão grande quanto seus bens materiais. Quando jovem, julgava-se senhor de todas as decisões. Era arrogante com todos os que o rodeavam e o admiravam por suas qualidades superiores. Conhecedor das palavras e detentor de um excepcional intelecto, destacava-se dos demais jovens de sua época. O rapaz tão vaidoso e cercado de elogios, graças às conquistas e realizações, muito cedo começou a trilhar pelos caminhos perigosos da prepotência e da vaidade. A conduta equivocada foi fundamental para sua queda moral, resultante da estagnação espiritual que o acompanhou durante um período de angústia.

Recordando o início desses fatos, o reencontramos andando vagarosamente pelas alamedas da cidade de Lyon, na França, aproveitando momentos agradáveis em companhia de uma grande amiga.

— Frederic, ainda não me respondeu quanto ao jantar desta noite. Sabe que gostamos muito de você e não aceitaríamos um não como resposta. Posso considerar aceito o convite?

— Marieanne, sei que demorei a responder e por isso deixei você em dúvida. Mas é claro que aceito. É um enorme prazer estar ao lado de pessoas tão agradáveis!

— Que bom! Todos ficarão muito felizes com a sua presença!

E, entre outros assuntos, chegam aos portões da casa de sua acompanhante. O coração de Marieanne batia descompassadamente. Seu amor por Frederic revelava-se aos olhos de todos, delatando o mais puro e sincero sentimento.

— Filha, há tempos tenho percebido seus olhares destinados ao jovem compositor. Você tem certeza de suas emoções?

— Mamãe, não lhe disse antes, pois temia a sua reação. O olhar, a postura, as palavras, a música de Frederic não abandonam os meus pensamentos nem por um segundo. Mas tenho medo de não ser amada por ele da mesma forma...

— Marieanne, o coração às vezes não responde exatamente o que queremos ouvir, mas, sim, o que precisamos entender, mesmo que não sejamos capazes de compreender no momento. Você é bela, minha filha. Tenho certeza de que o Amor não irá lhe virar as costas. Agora, descanse e se refaça para o jantar.

Enquanto isso, Frederic, em sua casa, andava de um lado para o outro, pois tinha pensamentos conturbados. Ciente das intenções da jovem, procurava distanciar-se de alguns comentários quando conversavam. Temia magoá-la, provocar algum tipo de decepção ou constrangimento, pois não compartilhava dos mesmos sentimentos, dos mesmos anseios. Para ele, Marieanne era uma grande amiga, uma irmã do coração. O que fazer se não havia a reciprocidade de sentimentos e pensamentos? Como casar com ela se não a amava? Como ser alguém que desconhecia, portador de um amor que não sentia? Como ser um mentiroso?

Naquele instante, entraram no quarto do músico criaturas sombrias que tramavam o seu fracasso espiritual. Entidades rancorosas que já punham em prática seus planos de vingança, por meio de pequenas influências sutis. Seres ligados a ele pela mágoa, criada e sustentada no decorrer de vidas passadas, em que o orgulho e a ganância foram os principais ingredientes que alimentavam tanto ódio. Finalmente havia chegado o momento do ajuste de contas, da "justiça" que fariam pelas próprias mãos.

Frederic não registrava as presenças espirituais, mas assimilava os pensamentos que lhe eram sugeridos. Projeções que mostravam uma excelente oportunidade de alcançar o sucesso com o possível relacionamento com Marieanne. Ela pertencia a uma família de prestígio e certamente seria uma ótima oportunidade para a realização de suas aspirações. Casando-se com ela estaria bem próximo de se tornar um compositor famoso, já que todos os artistas importantes e toda a nobreza da época dividiam os mesmos espaços nas festas realizadas pelos pais da jovem. Teria êxito!

Traçado seu plano de ação, o músico foi diretamente para a casa de Marianne, sendo logo recebido por sua figura encantadora que estava deslumbrante. Seus olhos revelavam a satisfação interior. Em seu rosto estava espelhado todo o amor que irradiava de seu coração. Os olhares alheios eram muitos. Alguns sem a menor emoção e outros repletos de inveja, acompanhados de comentários maldosos. Mas, sem se preocupar com o que acontecia, a moça deixava seus pensamentos irem longe. De seus olhos escorriam lágrimas de alegria e seu coração batia descontroladamente só em pensar na realização dos seus sonhos ao lado de seu amor.

Antes do jantar, fora convidado a sentar-se ao piano e tocar um tema de sua preferência. Com as mãos posicionadas, o seu coração se inundou de espontânea emoção e, com fantástica expressão, preencheu o ambiente com acordes profundos que levaram a grande maioria da plateia ao delírio. Durante toda a execução, o olhar da jovem não perdia um só movimento do seu amado.

No final, os aplausos eram unânimes e os olhos de Frederic deixavam transparecer um brilho diferente, mal intencionado. Aproveitando o momento, o compositor pediu aos anfitriões um instante para pronunciar algumas palavras, iniciando assim seu plano inconfessável:

— Seus aplausos me dão forças para falar sobre meus sinceros e profundos sentimentos. Há tempos busco coragem para extravasar minhas emoções, revelar o meu amor. Pretendo com essa atitude acalmar o meu coração, tranquilizar os meus pensamentos que vagueiam pelos céus da incerteza. Viver o presente, com os olhos no futuro, ao lado de Marieanne é o que mais desejo, assim como a permissão de seus pais para o nosso casamento!

O pai foi apanhado de surpresa, pois desconhecia os sentimentos da filha. Para não causar nenhum constrangimento a ela, preferiu adiar sua resposta para outro momento, até que pudessem conversar a sós sobre o assunto.

Ele recebeu aquilo como uma desaprovação da família, uma rejeição. Achou que calculara mal seus intentos e resultados. No jantar foi alvo de olhares displicentes e maliciosos, de risos discretos e sarcásticos, ficando com o orgulho ferido pelo ato impensado. Seu olhar buscou apoio nas pessoas, no entanto, só encontrou o deboche. Agora era tarde demais para lamentar. Teria de arcar com as consequências e a vergonha.

Marieanne foi levada ao quarto pela mãe que tentava de todas as formas acalmá-la e consolar o seu coração. Entretanto, as tentativas foram em vão.

— Filha, não tenha medo do destino que esta noite lhe reservou. Estou certa de que, diante dos fatos, seu pai irá permitir esse casamento. Tenha paciência! Tenho certeza de que Frederic a ama e não desistirá de se casar com você.

Aos prantos, a jovem entregou-se aos sentimentos de dor, prevendo o pior para aquele homem, que, naquela noite, virara alvo de provocações ardilosas e de comentários maldosos de todas as pessoas que presenciaram o momento.

Em casa, Frederic abandonou o coração, desestimulou os próprios sentimentos ou qualquer emoção que o fizesse sorrir ou chorar. Alimentou a raiva que sentia de si mesmo e de todos os que o abalaram emocionalmente, desestruturando a sensibilidade que existia dentro de si. A partir daquele instante, passou os dias tentando provar sua superioridade, seu talento ímpar, sua aparente supremacia àqueles que julgava ignorantes e debochados.

Tinha um objetivo e o alcançaria a qualquer preço!

Era o que os seus perseguidores invisíveis precisavam...

Envolvido por mentes menos esclarecidas que trabalhavam incansavelmente pelo seu insucesso, as lágrimas escorriam abundantemente. Os pensamentos desorientados revelavam profundo desequilíbrio. Naquele momento, Frederic despediu-se dos compromissos assumidos para a presente encarnação. Enquanto isso, na espiritualidade inferior, os inimigos dele arquitetavam novas situações cuidadosamente planejadas com base em suas fraquezas e tendências, canalizando as energias negativas para os pontos de maior fragilidade, a fim de atingir os objetivos obscuros.

Naquela noite, o músico mal conseguiu dormir e, nos poucos momentos em que adormeceu, foi atormentado pelo grupo de espíritos vingativos que o aguardavam distante da matéria, lançando-lhe insultos e violências mentais que refletiam diretamente no corpo físico. Passou verdadeiras horas de angústia e sofrimento até que seu desespero foi amenizado pela Infinita Misericórdia Divina que se fez presente pela intervenção de Espíritos amigos que tentavam ajudá-lo. Uma luz intensa penetrou no quarto e dissipou a massa colérica que alimentava as formas-pensamento, criadas no ambiente. Mesmo não sendo percebido pelos algozes do músico, um vulto iluminado auxiliava Frederic em sua recuperação mental, física e espiritual, proporcionando-lhe alívio. Os perseguidores, percebendo a modificação na psicosfera, resolveram abandonar a casa temporariamente, receosos de serem levados pelos auxiliares do Cristo.

Na manhã seguinte, chegou à residência de Frederic um pedido de Marieanne para desfazer o grande mal-entendido da noite anterior. Ele, ainda muito envergonhado, recusava qualquer aproximação com a moça e saiu em busca de Victorien, solicitando ajuda para os seus planos.

O amigo, que havia retornado naquela manhã após algumas apresentações fora do país, em breve participaria de um recital em sua homenagem. Certamente, todos os nobres e músicos da França estariam presentes à celebração. Acreditando ser o momento oportuno para a apresentação do seu pupilo, o convida a tocar no mesmo dia, abrindo o concerto que reuniria os mais virtuosos e respeitados compositores, a fim de apagar qualquer má impressão.

Frederic achou que essa poderia ser a oportunidade de se reerguer e de conquistar o sucesso tão desejado. Conseguiria provar a si mesmo e às pessoas que era o melhor!

Passaram-se dias e Marieanne não recebia respostas das cartas em que pedia perdão. O músico, que se mantinha indiferente em relação a ela, ensaiava oito horas por dia no intuito de se aprimorar, de se superar para o momento mais esperado de sua vida, não se preocupando com os sentimentos daquela que, no mínimo, merecia o seu respeito.

A jovem, que não desistira de abrir o coração, compareceu ao recital mesmo contra a vontade dos pais que não aprovavam sua conduta. Para eles, que eram de família rica, respeitada e admirada, aquela situação era humilhante. Marieanne, no entanto, não se preocupava com os rumores e, segura de si, conseguiu, naquele dia, viabilizar o encontro tão esperado com o compositor.

De seus olhos escorriam lágrimas e dos lábios não saía nenhuma palavra. Sua voz, emudecida pela emoção do reencontro, não permitia revelar suas intenções, o motivo que a levou a ficar novamente frente a frente com aquele homem que jamais deixou de amar...

Frederic, alheio aos sentimentos dela, põe-se a falar em frases curtas, todavia, contundentes:

— Passei por um momento muito difícil, porém crucial para entender que não a amava...

Chocada, consegue finalmente abrir o coração. Palavras regadas de lágrimas foram ditas sobre o seu amor, seus sonhos, a família que idealizou formar com o músico.

Insensível àquela confissão, vê alcançado o primeiro passo de sua vingança.

— Fui precipitado e imaturo. Melhor que não nos falemos mais!

Diante daquela cena, seus pensamentos confusos, somados à tristeza de seu coração, entorpeceram os sentidos e a sensibilidade em distinguir o verdadeiro do irreal. Ficou olhando incrédula aquela figura que se afastava diante dos seus olhos...

A apresentação foi indescritivelmente fascinante. As canções executadas por Frederic encantaram os presentes, deixando-os surpresos com a interpretação. O músico, sem dúvida nenhuma, era um dos melhores compositores da França. Isso era fato!

Mas, enquanto ele desfrutava do sucesso, Marieanne, chorando, alcançou os portões de sua casa em busca do ombro amigo da mãe. Logo ao entrar, recebeu uma notícia desesperadora: sua mãe havia acordado com uma pequena indisposição, sofrera horas depois um infarto e não resistira! Foi o suficiente para que a filha desmaiasse e só recobrasse os sentidos momentos antes do sepultamento. O funeral contou com a presença de todos da família, dos amigos, admiradores, curiosos, menos do seu amado. A dor dilacerou-lhe o coração. Por sua mente um turbilhão de pensamentos desorganizados agitou-a ainda mais...

Na última despedida, um adeus calado manifestou todo o seu sofrimento. Um quadro muito triste.

O retorno ao lar apunhalou o seu coração. Conviver com todas as lembranças imantadas na casa consumiu-lhe as forças. A sua permanência lá se tornou insuportável. Marieanne, percebendo que precisava de auxílio, procurou uma prima que morava em Paris. Precisava desabafar com alguém que pudesse ouvir e ajudar a superar as perdas e dores.

Madeleine, que a recebeu de braços abertos, ouviu atentamente e buscou direcionar os seus pensamentos para as alegrias que a vida lhe reservaria no futuro.

— Você precisa se distrair e preencher o tempo com momentos mais agradáveis a fim de recuperar a saúde física e mental. Fique comigo por uns tempos, pelo menos até o restabelecimento de suas forças...

Enquanto isso, em Lyon, Frederic, que decolava na carreira musical, era constantemente convidado a mostrar suas composições em recitais, pois já era aclamado pelos amantes da boa música, interpretado por iniciantes e invejado por muitos artistas.

Anos se passaram. Marieanne, que ficara em Paris, havia conhecido Pierre e, apesar de não amá-lo, deu ao rapaz uma centelha de esperança sobre um possível relacionamento entre eles. Ele frequentava com seus pais a residência de Madeleine desde criança e, em um desses últimos encontros, ficou enamorado assim que avistou a jovem de Lyon. Seu coração pulsou forte e o rosto enrubesceu quando ela se aproximou. Era o amor que batia à porta do coração dele.

Estimulada pela prima, Marieanne cedia às investidas do rapaz parisiense, até que em uma manhã a vida reservou outra tragédia para aquele coração fragilizado. Uma mensagem de Lyon pedia a sua presença com extrema urgência, despertando nela um enorme medo e insegurança. Acompanhada pela prima Madeleine, foi correndo para casa e novamente a dor resolveu retornar de forma brutal. Seu pai tinha ficado doente e desencarnara pouco antes de sua chegada. Aos prantos, perdeu os sentidos e ficou acamada durante dias. Depois disso, perdeu a vontade de viver, pois, em sua visão, o mundo não fazia mais sentido.

Após algum tempo, mesmo sofrendo muito, começou a lutar pela vida, sustentada pela lembrança de uma antiga paixão que ainda lhe dava forças.

Dentre os amigos da família que a visitaram estava Victorien que pronunciou palavras de otimismo e esperança ao lado de sua cama, a fim de vê-la recuperada. Mas Marieanne, não conseguindo disfarçar a sua enorme curiosidade, perguntou:

— Onde está o meu amor?

— Ele está bem. Hoje ocupa uma posição de destaque no meio artístico.

Essas palavras, embora ditas com suavidade e carinho, violentaram imensuravelmente o seu coração já tão debilitado.

Victorien, ao se despedir de Marieanne, foi em busca do amigo para uma conversa franca.

— Frederic, você sabe do verdadeiro estado de saúde de...

— Sim! Tenho tido notícias, mas não me interesso pelos assuntos relacionados a esta família. Eles fazem parte do meu passado e prefiro não revivê-lo!

— Mas e se você...

— Por favor, amigo. Vamos falar de outros assuntos que não me causem um desgaste desnecessário.

O músico, mostrando sua ansiedade em se apresentar em alguns concertos na cidade de Paris, logo conseguiu mudar o rumo da conversa.

Naquele mesmo dia chegou a Lyon, Pierre, trazendo em sua bagagem saudades e preocupações sobre o estado de Marieanne, sendo logo recepcionado por Madeleine.

— Como está o meu amor?

— Ela se mantém estável, porém, sem poder oferecer o que você deseja!

— Posso vê-la agora?

— Sim, claro. Levarei você até ela.

Lá chegando, encontrou uma criatura sem beleza e determinação. Na cama, um corpo sem expressão, um olhar sem vida, que não esboçava nenhum sinal de alegria. O rapaz ficou desesperado e, entre lágrimas, declarou os seus sonhos, o seu amor, na esperança de uma reabilitação física e emocional da jovem. Mas o que ouviu não lhe agradou.

— Quem eu amo não me ama!

Madeleine, prevendo o desgaste maior que ainda viria daquele diálogo, pediu ao visitante que a deixasse descansar. Inconformado, desejou saber a origem daquele amor não correspondido. Após uma conversa rápida, no entanto reveladora, sua ira ganhou forma. Eram os primeiros instantes de ódio por aquele que destruíra seus planos ao lado da mulher que tanto amava.

Pierre, convencido pela amiga, marcou um encontro na casa de Victorien com o pretexto de conhecer melhor a vida e a obra de Frederic.

O rapaz parisiense põe-se a conversar sorrateiramente para não levantar suspeitas sobre o verdadeiro motivo daquela visita. O anfitrião, sem desconfiar de nada, respondeu ao longo interrogatório sobre a vida do músico de Lyon.

As entidades desencarnadas, que também nutriam sentimentos menos felizes pelo compositor, acrescentavam aos pensamentos de seu novo aliado sugestões e ideias, criando uma horrível ligação com aquele que consideravam seu inimigo.

Victorien, que não suspeitou de nada, falou sobre os sonhos, conquistas e ansiedades do pupilo, de sua ida a Paris, do grande talento e do enorme coração dele. Era uma das poucas pessoas que conheciam e entendiam Frederic Barson, auxiliando-o sempre que possível. Após o encontro, saiu satisfeito, percebendo o ponto fraco de sua vítima.

Ao chegar à casa de Marieanne, dividiu com Madeleine as novidades que descobrira sobre o rival. A jovem, pelo contrário, se encantou com as virtudes do músico, revelando para si mesma a fascinação que tinha por aquele homem. Decidindo esconder os verdadeiros sentimentos, mentiu a Pierre, fingindo concordar com seus propósitos e colocou-se na condição de cúmplice dos seus objetivos obscuros. Ele, cego pelo ódio, não percebeu a intenção e, se sentindo mais fortalecido com ela ao lado, prosseguiu com os intuitos sinistros.

O estado de Marieanne se agravava e, nos seus últimos momentos de delírio, pediu que Frederic viesse vê-la.

— Meu amor, onde está que não o vejo. Por que não me abraça?

Madeleine, preocupada, sai em busca de Victorien e é recebida por ele prontamente.

— Marieanne está piorando a cada dia. Receio que esteja à beira da morte. Não cessa de chamar pelo compositor e temo que morra sem vê-lo!

— Vou tentar persuadi-lo. Logo estarei com ele em sua casa. Dou minha palavra.

Passadas algumas horas, entram no quarto de Marieanne sua prima, Victorien e Frederic Barson que tinha sido convencido pelo amigo a vê-la, depois de alertado sobre a gravidade do estado da jovem desenganada.

— Frederic, meu amor. É você?

— Sim, sou eu.

— Esperei tanto tempo por este momento... Frederic?

— Sim...

— Perdoe por tê-lo amado tanto...

E, com esta frase interrompida pelo fim da vida física, Marieanne se despediu, cravando no coração do músico o arrependimento e a tristeza por não ter sido sincero com aquela que, embora não amasse, estimava como uma boa amiga, uma irmã do coração.

No quarto, amigos espirituais realizavam o desligamento por merecimento e, logo após, conduziram-na ao lar universal para a recuperação e readaptação necessárias para uma nova fase de sua existência.

Frederic, logo após as providências necessárias, aproximou-se de Madeleine e, chorando, pediu perdão pelo que tinha feito. Em seguida partiu, levando na mente a imagem daquela mulher fixada em seus pensamentos.

Pierre, que acompanhou a despedida do corpo de Marieanne, soluçava entre tristeza e ódio, gritando em silêncio, revirando-se interiormente, aturdido pela cegueira da dor que lhe consumiu os pouquíssimos momentos de lucidez.

— Frederic Barson, eu o amaldiçoo por toda a sua vida e não descansarei até vê-lo aniquilado!

Capítulo II
De Paris a Viena

Frederic caminhava pelas ruas de Paris, admirando a beleza da cidade. Hospedado na residência de uma família conceituada, nada lhe faltou. Tinha a tranquilidade e a comodidade necessárias para uma série de concertos que apresentaria em curta temporada. Madeleine, que, após o desencarne de Marieanne, havia retornado para casa, encontrou-se com Pierre para a execução do plano insensível, como tinha sido combinado anteriormente. Enquanto o rapaz definia a melhor estratégia para pôr em prática sua desforra, ela se aproximaria do músico, convidando-o para uma recepção na casa do amigo, organizada especialmente para celebrar a volta de sua irmã, Marie Lafond, aos braços da família.

E assim se deu o início de uma terrível trama contra aquele que musicalmente se agigantava. Mentes desencarnadas que tinham o mesmo objetivo acrescentavam aos sentimentos de Pierre todo o ódio que sentiam pelo compositor, para melhor manipularem o sofrimento ao qual seria submetido. Nos olhos de Madeleine, o medo. Em seus pensamentos, a imagem daquele que não conseguia esquecer. No coração, um sentimento que começava a crescer, revelando as primeiras emoções do amor que desabrochava na primavera de seu Espírito.

O rapaz parisiense, preso às vibrações infelizes que o dominavam, não percebeu os olhares e sentimentos daquela que julgava ser cúmplice no desenvolvimento de sua conspiração. A vingança cega era alimentada pelo desespero, pela ansiedade e por uma falsa confiança, que só a falta de amor é capaz de provocar.

Na noite de estreia, Frederic foi levado ao local do concerto em Paris. As pessoas estavam ansiosas em conhecer a arte de um músico tão renomado. Ele se sentou ao piano. O silêncio foi logo interrompido pelo primeiro acorde que ressoava no ar. À medida que as melodias eram pronunciadas pela harmonia das notas, as lágrimas umedeciam o rosto dos ouvintes mais sensíveis. Ele golpeava as teclas com sentimento e plena convicção do que estava fazendo. Os momentos pareciam intermináveis diante das resoluções de cada compasso, superando as expectativas dos parisienses, trazendo algo inovador para os seus corações. Na última nota, o apogeu de seu brilhantismo no auge da noite. Todos aplaudiam em pé, eufóricos e agradecidos pelos momentos proporcionados por ele, que conquistou definitivamente todos na primeira apresentação.

Os preparativos para a vinda de Marie já estavam organizados e os convidados começavam a chegar, e, entre eles, o famoso compositor, cercado de olhares e cumprimentado por todos. Os pais de Pierre o recepcionaram e conduziram-no ao interior do salão. Gratos e sensibilizados pela sua presença, parabenizaram-no pelo recital da noite anterior. Madeleine, muito próxima da família, aproximou-se e Frederic, em uma postura nobre e com um breve sorriso, beijou-lhe suavemente as mãos. Então, envolvido pelas lembranças de Marieanne, falou de seus sentimentos sobre a amiga que desencarnou sem ao menos saber de sua verdadeira simpatia. A jovem ouvinte fascinou-se ainda mais com as palavras de carinho expressadas por aquele homem, por quem se apaixonou. Seus olhos refletiam a alegria que preenchia todo o seu ser naquele momento, mas, de repente, perturbou-se ao se lembrar dos planos do companheiro, que poderiam dar um fim àquele amor que tanto desejava viver.

O momento é interrompido bruscamente pelas palmas destinadas à Marie, que descia as escadas sob os olhares de todos, inclusive os de Frederic. Ela desfilava uma beleza ímpar, atraindo a atenção dos presentes. Algo dentro dele se modificou ao ver aquela mulher. Uma sensação de já conhecê-la apoderou-se de sua mente, de seu coração. Rapidamente surgiu a oportunidade que o músico intimamente tanto aguardava:

conhecer aquela pessoa tão especial que mexeu com suas emoções e seus sentimentos quase que instantaneamente.

O encontro provocou algo inusitado. Despertou-a para um sentimento novo, uma ansiedade de origem ignorada. Não conhecia o músico, seu sucesso e sua história, no entanto algo diferente lhe invadira o ser atraindo-a, sem que pudesse controlar, para aquele olhar. Quem seria aquele homem que a seduzia de uma forma nunca antes sentida?

Aquelas horas pareciam segundos para Frederic, que, encantado, não percebeu o passar do tempo. Precisava ir embora.

Os dias correram depressa, e o mesmo sucesso da primeira apresentação repetiu-se nas demais. Terminou a sua temporada em Paris e no auge da carreira retornou para Lyon como personalidade do mais alto escalão. Embora envolvido por todo aquele *glamour*, não conseguiu esquecer a figura daquela mulher que conquistou seu coração.

— O que será que Marie está fazendo neste exato momento? Em que ela está pensando? Como encontrá-la novamente?

Correspondências mentais, trocadas no tempo e espaço, enviadas vibratoriamente por aquele amor. Ela se entregava às lembranças do primeiro encontro com o homem que a faria feliz, não por seu sucesso ou dinheiro, mas pelo sentimento recíproco existente entre eles. Precisava reencontrá-lo para viver intensamente um relacionamento.

Em Lyon, o conceituado compositor recebia constantes convites de honra. Era um grande momento de sua vida e toda a sua atenção se voltava à figura daquela que enaltecia ainda mais suas virtudes, que lhe reforçava as emoções agora dominadas por uma paixão incontrolável. Na mente, ideias brotavam a todo instante. Como se aproximar daquela mulher que tanto amava? Encontraria uma solução.

Passado algum tempo, teve uma ideia. Convidaria a família Lafond para ficar alguns dias em sua companhia, assim teria a oportunidade de envolver a amada com seus pensamentos, de revelar-lhe os sentimentos, o intuito. E assim foi feito. Logo depois os convidados chegaram à casa de Frederic. Finalmente os dois corações tinham sido unidos pela circunstância.

Ao encontrá-la, mal pôde disfarçar a ansiedade e felicidade por vê-la. Pierre, percebendo a intenção daquele convite, começou a traçar as primeiras investidas para o cumprimento de seu plano sombrio. Seus pais levados ao quarto para o descanso merecido após a viagem, não suspeitavam das emoções dos filhos, dos sentimentos de ódio e amor que sentiam pelo seu anfitrião.

Cansado da existência de Frederic, Pierre aproveitaria a estada para dar um basta em toda aquela sucessão de conquistas atreladas ao talento daquele que invejava por causa de um amor não correspondido. Manipularia situações e pessoas para o alcance do seu objetivo, era o que confabulava com outras mentes enquanto tentava dormir. Já os pensamentos de Frederic e Marie se diferenciavam, pois criavam e sustentavam a ligação dos sentimentos sublimados que ambos plasmavam para uma vida incomum. Sonhavam com o dia da tão esperada revelação, com os instantes que se transformariam na eternidade que somente dois corações apaixonados podem compreender.

Pelo padrão vibratório, as entidades que perturbavam o compositor não conseguiam atuar em sua mente com induções negativas, porém, criavam entre Madeleine e Pierre um elo de afinidades forjado pelo mesmo intuito, ampliando as energias de inveja e rancor.

Naquela noite, o músico conseguiu adormecer sem ser importunado pelo grupo de espíritos que o atormentavam constantemente em desdobramento. Teve a possibilidade de encontrar amigos espirituais que procuraram alertá-lo sobre os perigos que atraía para si mesmo por causa da conduta adotada. Relutando em aceitar que tais processos resultariam em dores e lamentos em um futuro não muito distante, retornou ao corpo físico sem muitas preocupações.

O Sol anunciou aos amantes um amanhecer repleto de alegrias. Logo nas primeiras horas, os pais de Marie e Pierre resolveram retornar a Paris por conta de uma indisposição da senhora Lafond. Mesmo contra a vontade de todos, que insistiam na permanência do casal, partiram sem suspeitar da tragédia que aconteceria em poucas horas, naquele mesmo dia.

O jovem parisiense, que esteve algumas vezes em Lyon, tinha alguns amigos lá e, alegando saudade deles, pediu que Madeleine o acompanhasse em suas visitas. Ela concordou.

— Esta é a oportunidade que aguardávamos. Vamos falar com uma pessoa que se encarregará de pôr um fim à vida daquele imprestável. Hoje à noite tudo estará acabado e, em breve, teremos vingado a morte de Marieanne.

Ela, que só ouvia, pressentiu o trágico momento que estava chegando. Apavorada, precisava ganhar tempo para salvar o seu amado. Mas como?

Enfim, o casal chegou ao local marcado para o encontro sombrio. Lá estava um senhor de cabelos grisalhos, com o rosto marcado pelos sofrimentos que passou na vida. Perguntou em que poderia ser útil. Havia trabalhado na residência dos Lafond há muitos anos e se sentia devedor por ter sido indicado por eles para trabalhar na casa de uma família amiga em Lyon.

— Velho, este é o momento de retribuir o favor que lhe fizemos. Preciso de uma encomenda, alguém que faça por mim o que desejava fazer com minhas próprias mãos.

— E o que seria, meu senhor?

— Matar alguém que jamais deveria ter nascido...

— Senhor, conheço alguém que se submeteria a isso por uma grande importância em dinheiro, mas antes vou precisar saber dos detalhes para que tudo possa sair conforme planejado.

Neste momento, Madeleine, que se encontrava calada, percebeu a chance de modificar o curso da trama e se propôs a retornar com as informações necessárias para a execução da obscura tarefa. Os olhares do rapaz brilharam ao ouvir a cúmplice se comprometendo a dar um fim àquela vida patética, tão cheia de orgulho, que aprendeu a odiar. Os pensamentos dela, tão rápidos em busca de uma saída, elaboravam as linhas que resultariam na morte de um homem. À tarde retornou com as informações que necessitavam para o desfecho fatal.

Tudo combinado, ela se encarregou de dizer a Pierre como acabariam com a vida do músico. Ele permaneceria na residência de Frederic, daria um sonífero a Marie que, se sentindo indisposta, não conseguiria ir ao compromisso marcado. E, como acompanhante do compositor, seria responsável pelo seu último suspiro.

Ele chorava de alegria e, naquele momento insano, declarou que gostaria de se casar com aquela que tão bem compreendia e compartilhava seus sentimentos de vingança. Não a amava, mas acreditava que o objetivo em comum que os unia seria suficiente para o sucesso de uma vida conjugal. Ela, com um sorriso nos lábios, pensou em dizer o que sentia, mas ficou em silêncio.

As horas passaram rápidas, e o plano seguia como esperado. A jovem, juntamente com Pierre, convenceu o casal a ir ao compromisso assumido para mais tarde. Frederic não desconfiou de nada, pois sempre recebia convites para festas de famílias da sociedade da época. Como planejado, logo após o jantar, Marie sentiu-se indisposta e resolveu descansar. O irmão ficou com ela, enquanto Madeleine insistiu por uma companhia que fosse com ela à festa. Embora o coração do músico falasse alto para ficar ao lado de seu amor, a sonolência dela e a persistência dos outros dois amigos fizeram com que ele cedesse e decidisse ir.

Foi uma reunião como as outras. As pessoas conversavam e se divertiram. Tudo saiu como planejado. Ao retornarem, o músico percebeu certo nervosismo na amiga.

— Você está agitada. O que a está incomodando?

— Nada, estou somente cansada. Acredito que logo ficarei melhor. Não se preocupe.

Chegando em casa, o compositor, atento ao horário, despediu-se e foi para seu quarto. Madeleine não conseguia dormir, presa à sua consciência. Lágrimas misturavam-se com sorrisos, traduzindo a insanidade de suas ações. Na mente, a culpa, porém, em seu coração pulsava a certeza de que seu amor viveria.

Amanheceu e todos já estavam em pé, exceto o jovem Lafond. Sua irmã, melhor que na noite anterior, mergulhava em perguntas sobre a festa em que não conseguiu estar. Frederic, encantado com sua beleza e simplicidade, contou tudo a ela e disse quanto sentiu a sua falta. Madeleine, calada, demonstrava uma ansiedade fora do comum. Então Marie, percebendo o adiantar das horas, pediu desculpas por se retirar e saiu à procura do irmão, pois estranhava sua ausência. Chegando ao quarto dele, presenciou uma cena horrível e gritou apavoradamente por socorro. O casal ouviu e rapidamente chegou ao quarto, encontrando a moça desmaiada e o rapaz ainda na cama... Morto! O músico se desesperou e partiu em busca de alguém que pudesse ajudar o amigo. Lembrou-se de Victorien e foi até a sua casa. Enquanto isso, Madeleine ajudava Marie, tirando-a do quarto onde aquele homem fora vítima de sua própria trama.

Espíritos ainda se encontravam diante do corpo inerte, vampirizando o que restava de fluido vital. O quadro era lamentável. O rapaz havia sido desligado pelas entidades às quais tinha se unido pela vingança e ódio. Foi então conduzido a Barlok, um ser atrelado a zonas umbralinas, que o aguardava durante séculos para a tão esperada desforra, iniciando naquele momento um dos dramas mais terríveis que atormentariam a mente de Pierre.

O compositor retornou em companhia de seu amigo para tomar as providências necessárias. Incumbindo-se de contar aos pais da vítima, partiu rumo a Paris, levando a triste notícia da morte do filho de forma misteriosa, dentro de sua própria casa.

No funeral, realizado na capital francesa, a família Lafond encontrava-se em profunda tristeza, traduzida pelo desolamento dos pais e o inconformismo da irmã. Frederic, desolado por vê-la em estado tão deprimente, colocou-se à disposição deles para o que fosse necessário, deixando claro sua intenção de desvendar o que até então era uma incógnita. Madeleine ouvia tudo e se apavorava. Criava um desespero incontrolável que denunciava sua preocupação, seu medo.

Dias após a tragédia, encontramos o músico perdido em seus pensamentos, recordando a jovem parisiense que não conseguia esquecer desde sua despedida após o sepultamento de Pierre. Ela preferiu permanecer em Paris para auxiliar seus pais neste momento tão difícil. Enquanto isso, Madeleine, temerosa em ser descoberta, ficou presa à culpa que a consumia, dilacerando sua mente, desvirtuando sua razão. Agiu por amor, mas não pensou nas consequências por ter atentado contra uma vida humana.

Quando foi encontrar o velho conhecido dos Lafond, para passar as informações necessárias ao crime, premeditou sua ação. Convidada antecipadamente para uma reunião com amigos naquele mesmo dia, aproveitou a oportunidade para trocar a vítima, manipulando o plano conforme suas expectativas. Tudo estava perfeito em sua mente. Levaria seu amado ao compromisso assumido e convenceria Pierre a ficar na casa com sua irmã dopada pelo sonífero. Garantiu que ele também estaria inconsciente, misturando uma alta quantidade de entorpecente em sua bebida. Então liberou a entrada do invasor que golpearia sua vítima com um punhal no peito.

O assombro atormentava sua mente. E se o velho resolvesse denunciá-la? O que fazer? Precisava rapidamente de respostas. Seria preciso matar mais alguém para evitar a ameaça? Não, não farei isso!

Com o passar dos dias, não tinha mais paz de espírito como antes. Seus pensamentos, quando não atrelados aos atos equivocados, aliavam-se à culpa, registrando as acusações que partiam daqueles que, do lado espiritual, colaboravam na queda de Frederic. Para atormentá-la gritavam a todo o momento:

— Assassina, covarde, fraca! Você irá pagar pelos seus atos!

Ela começou a se arrepender diante das ameaças constantes. Nem mesmo a lembrança de seu amor amenizava o desespero e, aos poucos, cedendo às investidas do grupo obsessor, perdia o bom senso, despencando no abismo da loucura. Já não se desprendia da corrente que a sufocava, não reconhecia os pais nem os amigos. E, no ponto mais delicado de sua insanidade, cometeu o suicídio.

Em Lyon, mesmo se esforçando, o músico nada conseguiu descobrir naquele período, pois não foi deixado nenhum vestígio, nenhuma suspeita que apontasse o culpado por aquela tragédia.

E, na capital francesa, acontecia o funeral de Madeleine, vítima de seus próprios atos. Mas, ao contrário do que acreditava, o seu sofrimento não acabou, continuou e se ampliou! Durante as despedidas, a família da jovem e seus amigos choravam inconformados pelas grandes perdas ocorridas em tão pouco tempo e de forma brutal. Marie, esforçando-se por trazer a alegria de volta à sua existência, encorajou-se a buscar a felicidade ao lado daquele que a vida lhe trouxe para seguir e amar. Iria ao encontro de Frederic.

O músico recebeu do renomado Franz, velho conhecido de Victorien, um convite para dividir com ele alguns concertos que faria em Viena. Frederic, sem conseguir responder, apenas sorriu, acenando com a cabeça positivamente.

— Ótimo. Partiremos daqui a dois dias!

Ele não cabia em si. Ser respeitado e reconhecido em sua terra natal seria a realização de um sonho. Alcançar e conquistar Viena era muito mais do que imaginou para si próprio. O tempo passou rapidamente e o tão esperado dia chegou. A emoção do momento o afastou da lembrança dos tristes acontecimentos recentes, pois novas metas e promessas surgiam em sua mente. A ansiedade por estar com músicos conceituados lhe desviou temporariamente o foco da paixão.

Despedindo-se de Victorien, pediu que ele entregasse uma mensagem a Marie, dizendo que estava feliz e que talvez não voltasse, caso conseguisse se firmar como compositor em Viena. Conquistaria o mundo!

Na cidade de Paris, chegou, assim, às mãos da jovem a carta que selaria a separação daqueles dois corações. Nos olhos, as lágrimas denunciavam toda a sua tristeza. O sentimento de abandono causava a dor que lhe consumia a alma dia após dia. Embora a amasse, Frederic não resistiu à sua perseguição pelo sucesso. A mente dele estava acima do coração e, por isso, não conseguia enxergar a mágoa que plantou no coração daquele espírito.

Anos se passaram. Marie, mesmo sem amar François, casou-se e foi morar em Lyon, e fez dos seus dias insistentes tentativas de se tornar uma pessoa feliz. O companheiro dela não gostava de arte, em particular de música. Sua vida se limitava a sufocar os anseios, causando-lhe terríveis frustrações. Não comparecia mais aos recitais de que tanto gostava. Pouquíssimas vezes ia a festas e recepções. E assim passou a viver.

O músico, em Viena, conquistou o público. Suas composições eram executadas no Teatro Municipal e as interpretações ganhavam espaço entre tantas outras que dividiam as atenções dos vienenses. Teve várias paixões na vida, mas jamais se entregou a um verdadeiro amor. No ápice da carreira, esqueceu-se dos momentos que o fizeram chegar onde estava. Em seu coração, a frieza. Na mente, pensamentos calculados que só visavam à expansão das posses, tornando-o uma pessoa insensível e egoísta. A ambição mudou completamente o seu caráter. O excesso de confiança o transformou em uma pessoa difícil de se conviver. Estava cego, não percebia mais os seus limites nem os caminhos perigosos que insistia em trilhar.

François, alheio aos gostos da esposa, traduzia seus sentimentos por ela pela pouca atenção que lhe dava, pelos caprichos que realizava por meio de suas posses. Já sua irmã, Isabelle, uma pessoa de gênio forte, apesar de não o demonstrar, não apreciava aquele casamento. E ele, ingênuo, confiou cegamente naquela que, a cada dia, esperava pela primeira oportunidade de acabar com a sua união.

Chegaria o momento em que provaria a François a péssima escolha que fizera, casando com uma mulher que amava outro homem tão abertamente. Marie, que jamais esqueceu Frederic, desde o início não omitiu do companheiro o sentimento pelo músico. Apaixonado, porém, aceitou viver sob a sombra daquele amor, pois acreditava poder um dia conquistá-la, contando com a ajuda do tempo e da distância.

Capítulo III
Mentes Ardilosas

Em uma manhã de inverno em Viena, Frederic, envolvido nos acontecimentos que ampliavam cada vez mais a sua reputação entre os amantes da boa música daquela cidade, em nenhum momento recordou-se do início de sua carreira, do amigo que lhe abriu as portas para o sucesso que tanto almejava e que por ora desfrutava, ou daquela que um dia desejou tê-la ao seu lado. Porém, naquele mesmo dia recebeu uma carta de Lyon, remetida por Vincent, irmão de Victorien, tentando avisá-lo sobre uma doença que havia acometido seu mestre e companheiro. Como pôde se esquecer dele? Rapidamente, em busca de informações, abriu a carta.

Lágrimas escorreram pelo seu rosto. Conforme lia, a tristeza invadia seu coração profundamente. Suas mãos trêmulas não conseguiam segurar a carta por causa da dor intensa que o invadiu. Aquelas poucas linhas atingiam o ponto fraco de sua vulnerabilidade, suas mais sensíveis emoções. Imediatamente foi para França, mais precisamente, para Lyon. Precisava chegar a tempo de tentar evitar tal tragédia.

Em Viena, deixou uma mensagem para Franz:

"Caro amigo, por motivo de extrema urgência, parto tão rapidamente para França. Uma pessoa muito querida está prestes a morrer. Perdoe-me se esta foi a única forma que encontrei para me despedir. Assim que possível, mando notícias. Frederic".

Alguns dias após a sua partida, o compositor chega ao seu destino e vai, sem demora, para a casa de Victorien. Lá chegando, o homem que se considerava uma fortaleza desesperou-se e chorou compulsivamente de dor, como uma criança.

— Meu amigo, ele o esperou o quanto pôde, porém, não foi possível aguardar por mais tempo. Ele morreu ontem. Caso precise de mim, estarei à sua disposição para levá-lo até o local do sepultamento, aqui está o que ele escreveu dias antes de nos deixar.

— Obrigado. Agora só preciso ficar sozinho.

O compositor era um grande amigo, embora o estimasse de todo coração, tinha medo do que estava escrito naquela carta, porém abriu o envelope e leu:

"Querido Frederic,

Estou feliz por ter presenciado suas conquistas, por ver seus sonhos se transformarem em realidade, projetando sua carreira musical a lugares distantes com tanto brilhantismo e talento.

Você é motivo de imensa satisfação para mim. Embora nunca tenha dito antes, você é o filho que não tive, a luz que ajudou a iluminar a minha vida.

Desejo a você, filho querido, sucesso! Seja feliz levando a alegria e a vida de sua música a tantos outros.

Aguardo sua paz, em paz.

Victorien".

Frederic não se conformava com esta morte inesperada e, diante da revelação contida na carta, ficou ainda mais abalado, pois nunca teve coragem de dizer quanto o respeitava e o amava, como um filho ama seu pai.

Em companhia de Vincent, andava pelas ruas de Lyon, em direção ao cemitério da cidade. No caminho, encontraram com François inesperadamente.

— Ora, ora, ora, quem vejo... Voltou de Viena para o funeral do amigo? Não o vi no sepultamento. Se você ficar, talvez possa saber de todas as novidades, de tudo o que aconteceu na sua ausência.

Vincent puxou o músico pelo braço, temendo sua reação, ainda fragilizado pela situação. O provocador jamais suportou a presença e o sucesso alcançado por ele. Agora, com seu retorno, revelava-se uma ameaça para o seu casamento e, entre palavras de ironia, deixava bem claro toda a inimizade e raiva que sentia por aquele que retornou desejando vê-lo morto!

O maestro, sem entender, perguntou ao amigo qual a razão da provocação. Mas ele respondeu bem menos do que seria necessário para entender o motivo daquilo tudo. Chegando ao local, não pôde conter as lágrimas que escorriam abundantemente por sua face, ajoelhando-se ao lado da lápide. Murmurando, pediu desculpas por jamais ter demonstrado o que sentia, esquecendo de vez as insinuações de seu agressor, feitas momentos antes.

Na volta, o irmão de Victorien perguntou se ele pretendia ficar mais tempo na cidade. Ele, no entanto, agradeceu, dizendo estar preocupado por ter deixado a casa sob responsabilidade de Victorien e, por isso, precisava voltar à sua vida na França. Na sua casa procuraria viver com a lembrança dos dias felizes.

Enquanto isso, seu inimigo de outros tempos e de outras vidas, levado pelo ódio, foi falar com Isabelle sobre a possível tragédia que poderia acontecer em sua vida, com a volta do oponente. A irmã, ouvindo-o atentamente, pressentiu a oportunidade que tanto esperava para a realização de seu plano sinistro em relação à Marie. Ouvindo o desabafo do irmão, traçava em sua mente ardilosa uma forma convincente de denegrir a imagem da cunhada, pois queria provar que ela não era digna de ser beneficiada pela herança da família.

Ela desejava multiplicar sua parte da fortuna, deixada pelos pais aos únicos dois filhos. Queria casar se com um bom partido, mas nenhum dos pretendentes era suficientemente adequado para os seus anseios, até a chegada de Frederic Barson, ainda solteiro. Arquitetava ideias mirabolantes para a conquista do músico. Falou de suas intenções ao irmão, que, se acalmando, sentia que as investidas dela poderiam dar certo.

A espiritualidade menos esclarecida, que durante todo este tempo acompanhou o compositor sugerindo-lhe orgulho e vaidade, utilizava agora mais uma mente receptiva para o cumprimento de sua vingança. Derrubariam sua vítima, que não conseguiu modificar as tendências adquiridas no passado, alcançando o sucesso tão desejado há tantos séculos. Minuciosamente tramavam a emboscada traçada por mentes dos dois planos, que tinham o mesmo objetivo, porém, razões diferentes. François deveria omitir seus verdadeiros sentimentos, fazendo-se amigo do maestro, enquanto sua cúmplice se aproximaria e se encarregaria de conquistá-lo para tomar posse de todos os seus bens.

— Não seria arriscar muito termos aquele arrogante tão perto da minha mulher?

— Não confia em meu poder de sedução?

— É que tenho medo de perdê-la, pois não suportaria vê-la com outro homem, principalmente com ele.

— Não se preocupe. Tenho tudo sob controle. Nada sairá errado. Confie em mim.

Isabelle se comportava como uma pessoa segura, manipulando, até então, todos aqueles que se aproximavam dela, utilizando vários recursos para a conquista de suas mentes e seus corações. Por isso, acreditava cegamente que não seria diferente com seu eleito.

— Quando começaremos, minha irmã?

— Agora! Vá conversar com seu novo amigo. Peça desculpas se for preciso. Envolva-o de tal forma que ele fique convencido sobre a sinceridade da sua atitude. Enquanto isso, vou preparar um grande encontro para celebrar o retorno dele. Convidarei várias pessoas, músicos, escritores, poetas e pintores. Todos virão. Eu garanto.

— Você sabe que não suporto arte...

— Alguns sacrifícios serão necessários. Agora vá!

E, sem maiores questionamentos, chegou à casa do maestro, mudando completamente a sua atitude anterior:

— Olá! Venho aqui por estar arrependido pela forma como agi com você, por minha agressividade. Posso afirmar que estava descontrolado naquela hora e que foi uma péssima recepção para alguém que chega de longe e naquelas circunstâncias.

— De que novidades você falava com tanta frieza no olhar?

— Frieza? De forma alguma. Perdoe-me se esta foi a impressão que deixei.

— Quais novidades seriam?

— Pelos anos que ficou fora, o tempo se encarregou de modificar algumas situações...

— Quais?

— Ora, não dê tanta atenção às minhas palavras. Quando me referi a mudanças, estava falando sobre o progresso de nossa cidade, de todos aqueles que trabalharam para ter sucesso, como você.

— Sei! E desde quando isso passou a interessá-lo?

— Concordo com você. Não me preocupava com isso no passado, mas, com o progresso da cidade, tomei consciência da necessidade de aquisição de novos conceitos.

— Seja mais direto. Qual a verdadeira intenção da sua visita?

— Estou procurando me desculpar por minha atitude com você e...

— E o que veio me pedir?

— Seu perdão e amizade, se possível.

— Creio ter perdido o seu tempo.

— Por favor, me dê uma chance de provar o contrário. Mostrarei que está equivocado sobre o que pensa sobre o meu caráter. Você verá que estou dizendo a verdade, nada mais do que a verdade.

— Se assim diz...

— Para selar esse meu pedido de desculpas e consolidar o início de nossa amizade, organizarei com minha irmã uma grande celebração em homenagem ao seu retorno. Convidaremos todos os amigos e artistas da França para uma recepção jamais feita antes, para que todos saibam a importância de sua permanência conosco.

— Não sei ainda se irei ficar aqui...

— Como quiser. Mas a sua volta é motivo de comemoração, pois não é sempre que um grande gênio da música, reconhecido em Viena, está ao nosso lado, respirando os mesmos ares.

— Verei o que posso fazer.

— O evento será na semana que vem. Podemos iniciar os preparativos?

— Pode confirmar! Estarei presente se o que me diz quanto aos convidados for verdadeiro.

— Sim, sim, pode acreditar! Jamais faria promessas que não pudesse cumprir. Eu garanto que será algo inesquecível.

— Sendo assim, aguardo a confirmação da data. Até logo. Preciso descansar!

— Claro. Muito obrigado por ter aceitado meu convite e meu pedido de perdão.

— Quanto ao convite, espero que supere minhas expectativas. Quanto ao perdão, quem disse que aceitei? Agora vá!

— Até breve!

Frederic era orgulhoso demais para recusar um encontro em sua homenagem. Sua vaidade o cegava. Enxergava pouco quando o assunto era humildade. Por mais que desprezasse aquela família, que conheceu ainda nos tempos de sua juventude, não podia desperdiçar a oportunidade de voltar de forma triunfante à sua cidade.

François não acreditou nos desaforos que precisou ouvir e suportar para iniciar a trama contra seu inimigo. Seu orgulho ferido aumentava ainda mais a raiva que sentia por ele.

— Minha irmã, você não sabe o que tive de ouvir daquele prepotente...

— Calma, agora é uma questão de tempo. Logo tudo irá acontecer conforme planejamos.

— E minha esposa, como será que irá reagir à presença dele aqui em casa?

— Pode deixar que já comecei a prepará-la. Contei-lhe que na semana que vem daremos uma grande festa para homenagear um convidado ilustre e que, nesta ocasião muito especial, irei apresentar meu noivo, que há poucos dias retornou de longe.

— Ela não desconfiou de nada?

— Como poderia? Não se preocupe. Faremos conforme o combinado e teremos sucesso.

A semana passou e o dia esperado pela dupla vingativa chegou. Tudo estava pronto e os convidados mais ilustres começavam a chegar. Marie, que em todos estes anos não sentiu a felicidade de rever velhos amigos em um ambiente familiar, extravasou a alegria contida durante todo o tempo em que estava casada. O seu coração não podia imaginar que, a cada rosto familiar que revia, sua emoção fugiria ao seu controle, enchendo seus olhos de lágrimas. De repente, um rosto muito conhecido entrou em sua casa. O seu verdadeiro amor, imponente, exibiu-se orgulhoso para as pessoas que o olhavam admiradas.

O músico então se dirigiu aos anfitriões, que se encarregam de chamar a atenção de todos para o momento solene da apresentação do convidado.

— Caros amigos, como informamos antes, hoje estamos recebendo uma pessoa especial, em uma ocasião também muito especial. Aqui está o nome mais respeitado de toda a França, que nos inspira com o seu talento. Música, por favor, música!

As pessoas permaneciam magnetizadas pelo poder de atração do maestro, olhando diretamente para ele. Todos, menos

Marie, que acreditou na cunhada, mergulhando ingenuamente naquela trama.

Frederic mal pôde acreditar no que via. Será mesmo verdade? Seu coração estava pregando uma peça? Embora envelhecida, seus olhos, as linhas de seu rosto ainda demonstravam toda a beleza e encanto que despertavam nele a lembrança daquele amor não vivido. Decidido, seguiu em direção a ela, mas encontrou apenas a frieza de suas palavras. Ela se limitou apenas a cumprimentá-lo. Neste momento, Isabelle se aproximou do casal e disse:

— Já conhecia a esposa de François?

— Como disse?

— Meu irmão, há alguns anos, casou-se com ela, o que é motivo de imensa alegria para nós.

O compositor buscou o olhar da mulher por quem um dia se apaixonou, mas não o encontrou. Percebendo a situação, Marie disse estar indisposta e foi procurar o marido para evitar um constrangimento ainda maior quando fosse feito formalmente o pedido de noivado pelo homem que ainda amava.

— Com licença, vou procurar meu marido. Não estou me sentindo muito bem. Preciso descansar.

— Sim, claro!

— Pela sua reação, acredito que você não sabia sobre o casamento dela.

— Não, Isabelle, não sabia de nada até agora.

— Meu irmão se apaixonou por ela assim que a conheceu em Paris, quando estivemos lá para tratar de assuntos relacionados aos nossos bens. Em pouco tempo ela, também totalmente apaixonada, não resistiu aos encantos dele. E, por coincidência, olha quem está se aproximando!

— Acabei de acompanhar minha mulher ao quarto. Ela me pareceu indisposta e por isso foi descansar um pouco.

— Que pena! Estávamos justamente falando sobre o amor de vocês, da paixão e do ciúme que ela sente por você, de como se conheceram...

— Nós somos um casal como poucos, nos amamos profundamente e não conseguimos nem imaginar o que faríamos um sem o outro.

— E você, amigo, ainda está solteiro?

— Sim, ainda estou.

— As vienenses não agradam você?

— Creio não precisar responder.

— Há mulheres e mulheres, não é mesmo?

— O que importa isso?

A investida dos dois irmãos penetrava por outros assuntos, de acontecimentos sem muita importância até o que realmente queriam saber.

— Você irá ficar definitivamente aqui em Lyon?

— Ainda não sei, mas provavelmente sim. Ficaria nesta cidade até meus últimos dias.

— Pretende se casar?

— Quem sabe, se algum dia encontrar a mulher certa.

Neste momento, a anfitriã estrategicamente se retira para que o irmão tente se aprofundar mais no assunto. O músico, por sua vez, ainda abalado pela descoberta, não quis mais conversar.

No fim da festa, ela mais uma vez falou a todos, anunciando a novidade prometida logo na chegada:

— Caros amigos, tenho a imensa alegria de informar que nosso convidado pretende ficar na França... em Lyon!

Os aplausos eram unânimes. Ele estava orgulhoso e sua vaidade, alimentada ainda mais naquela noite, o tornou um homem mais arrogante. Ele só queria ser bajulado por todos que o idolatravam, ser respeitado como não foi em tempos remotos.

Naquela hora, ele perdeu a esperança de ter em seus braços a mulher que conquistou seu coração, que amou como jamais havia amado outra pessoa.

— Como pude ser tão ridículo duas vezes na vida? Ainda pensava nela...

Enquanto isso, Marie, em sua cama, ainda acordada, chorava.

— Por que tem que ser assim? Por quê?

As lamentações de ambos plasmavam uma grande corrente que os aprisionavam dentro de seus corações amargurados. Em suas mentes, a mágoa e a revolta povoavam os pensamentos em busca de uma causa que trouxesse uma resposta.

— Por que com a minha cunhada?

Em momento algum ela pensou que o noivado fosse uma mentira.

— Como pôde? Sinal que não signifiquei nada na vida dele.

Enquanto o músico, inconformado com a notícia, interiormente se permitia chorar.

— Amanhã será um novo dia para mim e ela não existirá mais em meu coração. Será como uma pedra sem valor, uma lembrança ruim que deve ser esquecida.

E assim passou o tempo. Ambos tentavam esquecer o amor que ainda sentiam um pelo outro, omitindo a emoção pulsante, viva, dentro deles.

François insistia em falar todos os dias sobre os mesmos assuntos com seu rival, até que resolveu fazer outro convite para que fosse à sua casa. O maestro, alegando compromissos em Paris, disse que ficaria fora por uns dias e só retornaria após alguns concertos que aconteceriam em sua homenagem. O falso amigo, percebendo que teria de esperar mais um tempo para conquistar a confiança dele, desejou boa viagem e um bom retorno. Esperaria o momento certo para convidá-lo novamente.

— Quando voltar, não se esqueça deste amigo que lhe quer muito bem. Você sabe que sempre será bem-vindo à minha casa, não sabe?

Frederic, com olhar imponente, fixado no homem que o visitava quase todos os dias, nada respondeu. Não entendia o objetivo daquelas sucessivas aparições em sua casa, que, embora desagradáveis, davam oportunidade para que descobrisse a verdadeira intenção daquela aproximação. A animosidade recíproca entre eles, que existia desde a juventude, aparentemente, não poderia ser revertida.

Capítulo IV
A Trama

Depois da partida de Frederic, Isabelle perguntou a François sobre a conversa que tiveram.

— Quanto tempo ainda precisa para convencê-lo a vir novamente à nossa casa?

— Ainda não sei. Ele é muito arredio. Embora o elogie o tempo todo, ainda não consegui ganhar sua confiança.

— Lembre-se de que já cumpri minha parte do trato em relação à Marie. Agora só preciso seduzi-lo para poder então manipulá-lo conforme nossas intenções.

— Às vezes, parece que todo este sacrifício está sendo em vão. Não percebo nenhuma alteração nos sentimentos dele por você, muito menos por mim. Será que não seria melhor desistirmos desta história?

— Não! Tenha um pouco mais de paciência. Você verá que logo ele estará na palma de nossas mãos.

— Assim espero, pois já abri mão dos meus princípios para participar disso.

Após o diálogo, inicialmente tenso, ambos riram diante das sombrias intenções que tinham. Estavam tão envolvidos por seus planos obscuros que não perceberam a presença de Marie que estava escondida e ouviu atentamente a trama contra seu verdadeiro amor.

— Como pude acreditar? Como posso ignorar o que estou ouvindo?

Ela, entre lágrimas, foi para o seu quarto e, chorando, resolveu voltar para Paris, ao lado de sua família que certamente a receberia e daria apoio naquela hora tão difícil. Ao anoitecer, ainda assustada, foi para a casa de amigos pedir ajuda para partir. Estava ansiosa para retornar ao seu verdadeiro lar, pois sabia que encontraria acolhida, porém, com medo das consequências que sofreria por estar indo embora, não conseguiu pensar no que significaria para seu coração reencontrar com Frederic que estava na cidade.

E assim aconteceu...

Em poucas horas, seu marido, que retornou de um compromisso, perguntou para a irmã onde estava sua esposa.

— Onde ela está? Não estava com você?

— Claro que não! Sabe que não faço a mínima questão da companhia dela.

— Cheguei agora e não a encontro em lugar nenhum da casa.

— Deve estar com alguma amiga. Logo estará de volta.

— Você sabe que é difícil ela sair...

— Não pode existir uma primeira vez?

— Mas já é tarde para uma senhora casada estar na rua ou na casa de quem quer que seja.

— Tarde?

— Sim! Muito tarde.

— Mas eu mesma acabei de chegar.

— Não me interessa onde ou com quem você estava, mas, sim, por que ela desapareceu.

— Já viu se ela não deixou alguma mensagem?

— Sei lá!

— Já olhou no quarto?

— Venha comigo me ajudar a procurar!

— Você não sabe mesmo fazer nada sem mim. Não conseguiu sequer escolher bem uma mulher para casar.

— Não se intrometa em minha vida, assim como não dou opinião sobre a sua, mesmo não aprovando sua promiscuidade...

— Você está me ofendendo!

— Não é minha intenção, mas estou com um péssimo pressentimento dilacerando minha alma, apertando meu coração.

— Não há de ser nada...

— Não sei do que seria capaz. Só de pensar em...

— Ora, deixe de besteira! Vamos subir.

Chegando ao quarto do casal, após alguns minutos de busca, Isabelle encontra uma carta destinada ao irmão...

"François,

É com extrema tristeza que escrevo que estou partindo e aviso, de antemão, que não há qualquer chance de voltarmos a viver juntos.

Estou profundamente decepcionada por ter descoberto toda a sua falsidade, por ter visto você ceder aos caprichos da sua irmã para me ver infeliz.

Irei contar a todos sobre a trama astuciosa que vocês planejaram para que conheçam a péssima índole de sua família.

Sinto por você uma imensa repulsa que nem mesmo o tempo me fará esquecer. Não me procure, porque você não irá me encontrar nunca mais.

Marie".

O golpe foi tão grande que quase o levou à loucura.

— O que estou lendo? O que está escrito aqui?!

— Ela não merecia você mesmo.

— O que está dizendo?

— Ora, ela sempre foi uma pessoa fraca e...

— Cale-se antes que eu faça uma bobagem.

— Você não seria capaz. Você jamais seria capaz!

— Veja o que você me fez com sua ambição.

— Apenas mostrei a verdade do caráter de sua esposa, se assim posso chamá-la...

— O que está insinuando? Sabe o que o seu plano causou na minha vida? Sabe?

— Qualquer coisa, menos a vidinha medíocre que dividia ao lado daquela mulher.

Neste momento, ele perde definitivamente o equilíbrio, abre a gaveta do móvel, retira um punhal e, enlouquecido, o crava no peito de Isabelle. O corte foi fatal. Ela caiu sem vida nos braços dele que, perturbado pela cena, descontrola-se ainda mais, não tendo forças para evitar o pior.

— O que eu fiz? Meu Deus, o que eu fiz?

E, com estas palavras, envolvido por mentes doentias, desliga-se da matéria de forma brutal, ao romper o cordão fluídico que o ligava ao corpo físico, cometendo suicídio.

Enfim, a tragédia se consumou por causa de todo o egoísmo, ambição e orgulho cultivados por eles. Mais tarde, nas próximas experiências físicas e espirituais, teriam oportunidade para refletir sobre como deveriam realmente agir a fim de se desvencilharem desses tristes conflitos.

Marie chegou a Paris e, logo que entrou em sua antiga casa, contou a todos os últimos acontecimentos. Sua mãe ficou chocada. De seus olhos, lágrimas escorreram abundantemente ao imaginar o sofrimento da filha. Casou com um homem que não amava e foi usada por ele como instrumento de destruição contra seu verdadeiro amor.

— Não tenha medo, filha, você está protegida em nossa casa e nada mais de ruim irá lhe acontecer.

— Mamãe, sinto muito trazer este problema para vocês, mas eu não tinha outro lugar para ir.

— Você agiu certo. Agora vamos comer porque você parece abatida e fraca. Coma enquanto mando preparar o seu quarto para que possa descansar.

Enquanto isso, o famoso compositor continuava sendo recebido como convidado ilustre em todos os eventos em que ia. Os outros artistas lhe davam boas-vindas, aplaudindo e reverenciando sua arte de compor, de reger os mais sublimes sentimentos por meio de diferenciados instrumentos do coração humano. Apesar do orgulho, manifestava de forma inusitada as *performances* de seus acordes, revelando fortes emoções.

Logo a notícia do que havia acontecido em Lyon chegou a Paris e, inevitavelmente, aos ouvidos de Marie e também de seu amor. Alguns criaram histórias absurdas, enquanto outros achavam que a esposa de François tinha alguma culpa e por isso havia fugido de volta para a casa dos pais.

Frederic, que até aquele momento não tinha entendido o motivo das insistentes visitas do falso amigo, resolveu tentar descobrir a verdade sobre o que tinha acontecido. Foi à casa dos Lafond e, lá chegando, ficou surpreso ao encontrar mais uma vez a mulher que amava.

— Desculpe, não imaginei que estivesse aqui em Paris.

— O que você quer?

— Vim falar com seus pais...

— Sobre o quê?

— Toda a cidade está comentando a mesma coisa. Não é possível que ainda não saiba.

— Este assunto não me interessa.

— Mesmo?

— Por que deveria interessar?

— Dizem os desocupados que a culpa cairá sobre os seus ombros...

— O que está dizendo?

— Com a morte dos dois irmãos você será a única beneficiada no testamento e por isso acham que você premeditou tudo.

— Como você tem coragem de dizer isso na minha própria casa?

— Estou apenas repetindo o que estão falando...

— E você acredita em tudo o que dizem?

— Você o amava?

— Você acredita ou não?

— Amava?

— Não, não amava.

— Por que deveria acreditar que você não teve nenhum envolvimento?

— Não continue...

— Do que tem medo?

— Nada, pois nada tenho a esconder.

— Então assume!

— Está delirando com toda a sua prepotência. Ela não deixa você enxergar nada nem ninguém.

— O que está dizendo? Quem você pensa que é?

— Uma mulher digna e...

— Digna de fazer a loucura que fez? Agora entendo as visitas insistentes de François à minha casa. Você estava por trás disso o tempo todo...

— Claro que não! Preciso lhe contar a verdade...

— Não quero compactuar com a sua insanidade. Creio ter perdido meu tempo ouvindo você.

E assim, mais uma vez, aqueles dois seres não conseguiram se entender. Ela, assustada com a situação, não foi capaz de revelar com tranquilidade toda a trama que os envolveu e que, sem saber como, havia terminado de forma tão trágica. Não pôde falar de sua inocência. Ele, enciumado, julgou e culpou aquela que amava de forma totalmente arbitrária.

As coisas pioravam a cada dia. A família que recebeu a esposa desesperada na noite do incidente, por medo de se envolver no escândalo que se alastrava, omitiu que a havia ajudado. Os seus pais eram constantemente alvos de olhares insinuantes e vítimas do preconceito. Ela tentou várias vezes fazer contato com o músico, mas nas pouquíssimas vezes em que as mensagens chegaram, ele as ignorou. A pressão foi terrível e, embora com o apoio dos pais, aquela mulher não resistiu às sugestões que eram feitas a todo instante pelo plano espiritual inferior. E, em mais um ato de desespero, tomou um veneno letal, desperdiçando a oportunidade da presente existência por acreditar que com isso poderia acabar com seu desespero.

Com a morte dos dois únicos filhos, o sofrimento que se abateu sobre o senhor e a senhora Lafond foi incomensurável. O desespero esteve presente dia após dia, por muitos anos, toda vez que reviviam de forma involuntária aqueles tristes momentos, mas, mesmo assim, afastados da sociedade, nunca se distanciaram de sua fé na providência divina, até o último dia de suas existências na Terra.

Muitos anos se passaram e a recordação daquela que tanto amou ainda permanecia latente em seus pensamentos. O tempo se incumbiu de mostrar o que o orgulho e a vaidade trouxeram para a sua vida. Frederic Barson se tornou tão insuportável com sua arrogância que as pessoas se afastaram dele. Suas obras não eram mais executadas por nenhum músico. Não se casou e, por dias e noites seguidas, a figura daquela mulher dominou-lhe os pensamentos. Para ele, Marie representava ao mesmo tempo dor e amor. Dor por não ter tido a maturidade necessária para ajudá-la no momento em que mais precisou e amor por ter sido a pérola preciosa que conquistou seu coração definitivamente.

Várias vezes o músico se perdia em divagações, questionando os próprios sentimentos.

— Valeu a pena tanto esforço, tantos conflitos para chegar aonde cheguei? Trocar o amor pelo sucesso? Hoje estou só, mas não tenho certeza de que não seria capaz de fazer tudo de novo, se tivesse uma segunda chance...

Ele caminhava pelas ruas de Lyon sem despertar a curiosidade das pessoas como antes. Outros compositores surgiram na cena musical francesa e obscureceram sua passagem pela história que ajudou a escrever. Estava cansado por causa da idade avançada e amargurado pela derrota que o obrigava a encarar a verdade: não tinha mais o reconhecimento pelo qual tanto lutou durante toda a vida.

A prepotência sobrepôs-se à sua arte, vivendo o período de total indiferença que o assolava. As vaias eram constantes nas várias tentativas de reencontrar-se como um verdadeiro artista, que sensibiliza, sendo sensibilizado, que respeita para ser respeitado.

E assim viveu até os últimos dias aqui na Terra...

Seu corpo foi encontrado pela governanta na própria casa e, após todas as providências necessárias, ela foi a única que compareceu ao seu sepultamento, misturando-se com as pessoas que trabalhavam no local. Ele se despediu sem as honrarias que acreditou um dia receber, sem a glória tão aguardada. Ninguém fez questão de se despedir dele. Estava esquecido.

O maestro não percebeu, mas amigos espirituais tentaram de todas as formas abrir seus olhos para que não trilhasse caminhos duvidosos. No entanto, distanciou-se cada vez mais dos pensamentos generosos daqueles que tentavam ajudá-lo em sua evolução, para atender inconscientemente aos anseios daqueles que sustentaram suas tendências.

O músico, que reencarnou com grandes possibilidades de alcançar o objetivo traçado anteriormente, preferiu enveredar pela estrada do materialismo, retornando à Pátria Espiritual derrotado pelas próprias fraquezas. Agora só o tempo e o esforço juntos conseguiriam transformar seus sentimentos, sublimar os pensamentos e modificar as ações.

Capítulo V
As trevas de Barson

Atraído para a escuridão, o músico sentia ser arrastado em sua própria consciência. Entre gargalhadas sarcásticas por aqueles que não via, sofria intensamente pela dor que lhe arrebatou do corpo físico.

— Onde estou? Quem são vocês?

— Cale-se, homem, estávamos à sua espera há tanto tempo e agora você é nosso!

Frederic não compreendia sua fraqueza, não tinha forças para se levantar nem se opor àquela situação...

— Está sofrendo, maestro? Você ainda não sabe o que é sofrimento!

Gargalhadas eram espalhadas na escuridão até que ganharam mais força ecoando no interior de uma caverna para onde o levaram.

— Que bom reencontrá-lo, músico tacanha!

— Eu sou o grande Frederic Barson...

Palavras balbuciadas sem força, porém com energia suficiente para despertar no ofensor, mais raiva pelo recém-chegado...

— Levem-no para baixo e façam com que ele jamais se esqueça do que é sentir dor!

Frederic, perturbado pela sua nova realidade, não conseguia sair daquele estado de aflição e dores que começava a sentir. Estes espíritos faziam parte de um grupo de vampirizadores que estavam responsáveis pela sua queda moral e, por muito tempo, o acompanharam, influenciando suas atitudes, pensamentos e sentimentos menos dignos.

Os gritos do maestro causavam risadas alteradas e palavras de baixo calão pelos gemidos de dor que ele expressava.

— Isto não é nada... Ainda vamos nos vingar de tudo o que nos fez passar!

O músico não tinha forças para resistir às investidas dos algozes e, após tanta tortura, perdeu a consciência.

Os “cobradores do passado” continuavam a machucá-lo, mesmo inconsciente...

— Vou fazer com que você se esqueça das notas musicais, seu presunçoso imprestável!

Após algum tempo daquele ato de dor constante, resolveram atacá-lo de outra forma, iriam esperar que despertasse e, com ajuda de um magnetizador, fariam com que Frederic Barson sofresse com suas lembranças do passado.

Após tanto tempo de espera, ouvem as primeiras palavras do maestro em um pedido de ajuda...

— Por favor... alguém aqui? Tenho sede, sinto dores... alguém pode me ajudar?

— Estamos aqui para ajudar, não estamos?

Todos gritaram sim e, entre muitas gargalhadas, o arrastaram até o magnetizador que o induziu a mergulhar nas recordações presas no seu inconsciente...

Após a viagem interior, a dor se intensificou e seus gritos de desespero se misturavam com os soluços provocados pelo choro compulsivo...

De repente, Frederic se viu livre daquele calabouço fétido e escuro e, enquanto se entregava àquelas novas sensações, uma voz calma e amorosa ecoava em sua mente...

— Filho, não desista, ninguém é só trevas, sombras... A luz brilha em todos nós...

— Quem está aí? Mais um para me torturar e condenar pelo que fiz?

— Não, meu filho, jamais farei isso com você... Recupere suas forças... restabeleça sua consciência... forças do mais alto serão enviadas a você para esse propósito...

— Estou louco? Ouço a voz da minha mãe!!!

— A insanidade, muitas vezes, é a porta de entrada para o verdadeiro eu que está em cada um de nós.

— É minha mãe quem fala?

— Sim, meu filho, sou eu...

— Então por que não posso vê-la?

— Verá quando quiser...

— Eu não entendo... Quero ir para casa!

— Mude seus sentimentos... pensamentos... faça uma prece... Lembre-se de Deus... lembre-se de Deus... lembre-se de Deus...

Aquelas palavras foram se distanciando de sua mente, enquanto os algozes debochavam do estado de loucura que presenciaram...

— Estou insano! Que pesadelo horrível... preciso acordar... agora...

E, em um ato além das forças, Frederic se entrega à inconsciência mais uma vez.

Foram dias, meses de totais agressões...

Despertado pelos seus algozes, Frederic começou a mudar interiormente...

— Deus, eu preciso de vós! Eu creio em vós! Ajuda-me...

As palavras do maestro silenciaram e, mentalmente, deram lugar a uma prece sentida...

— Chefe, chefe, o bando do Barlok está chegando para levar nosso prisioneiro para as furnas.

— O quê?! Ele é nosso e não vamos entregá-lo a ninguém! Barlok nos prometeu que, se fizéssemos o combinado. ele seria nosso!

— Mas, senhor... o que iremos fazer?

— Vamos escondê-lo em outro lugar!

— O que iremos dizer quando eles chegarem?

— Nada! Não devo satisfações a ninguém.

— Isso irá nos causar problemas...

— Peça a Gertrudes que o leve para longe e o esconda.

— Mas, chefe...

— Agora!

— Sim, senhor...

O responsável por aquele clã sabia que sua fiel seguidora era detentora de um ódio avassalador e que, com certeza, iria cuidar muito bem daquela tarefa.

— Precisa de mim?

— Sim, leve quantos precisar e arranque este imprestável daqui o quanto antes!

— Estão vindo buscá-lo?

— Fomos enganados por Barlok, mas agora seremos nós a enganá-lo.

— Tem certeza?

— Vá agora!

Frederic tinha seu corpo arrastado pelos caminhos daquele lugar... Logo ouviram os seguidores de Barlok chegarem à caverna e começarem uma verdadeira guerra. Assustados, os que carregavam Frederic fugiram desesperados deixando o músico mergulhado em um lodaçal.

Em meio àquela situação, Frederic ouviu novamente em sua mente a mesma voz calma e amorosa de outrora...

— Filho, é chegado seu momento de libertação, liberte-se das amarras que o prendem nesta dor...

— Deus, ajude Seu filho... por favor...

— Eu estou com você, meu amor...

— Então me ajude a despertar deste pesadelo, me ajude...

— Sua ajuda já está a caminho... estão bem próximos de você agora...

O medo lhe envolvia o ser... seus olhos perdidos procuravam alguém ou algum lugar conhecido para que pudesse desviar de sua mente aqueles pensamentos de terror.

Gritos de dor ecoavam por todo aquele ambiente confundindo seus sentidos...

— Estou louco?

Ele se questionava sem parar...

— Onde estou, que lugar é este?

— Venha, *monsieur* Barson, está tudo bem agora.

— Quem são vocês?

— Acalme-se, está entre amigos.

— Que amigos?

Barson não conseguia distinguir a ilusão da realidade...

— Isso é um pesadelo? Preciso acordar!!!

— Não, *monsieur*, isso não é um pesadelo... Preciso que me ajude a ajudar o senhor!

— Estou confuso... o que está acontecendo?

— Logo se sentirá melhor.

— Do que está falando, homem, não entendo nada... tudo está tão conturbado em minha mente...

Frederic, envolvido pela escuridão interior, mergulhou mais uma vez em suas recordações...

— Para onde está me levando?

O garoto, entre lágrimas, não entendia a reação de sua mãe que o puxava enfurecida pelas mãos. Desconhecia qualquer motivo que pudesse ter ocasionado aquela atitude que o magoava profundamente...

— Vou levá-lo para bem longe de mim!

— Por quê?

— Porque você faz parte de um passado que eu desejo esquecer!

— Por favor, não me abandone!

— Você ficará com uma boa família. Acho que lhe darão o que até hoje não fui capaz de lhe oferecer... De hoje em diante, estes serão os seus pais, entendeu?

— Não, mamãe, por favor, não!

— Adeus, Goulart!

— Não, mamãe!

— Vá agora e não olhe para trás!

— Não!

Os olhos daquele menino não conseguiram conter as lágrimas que escorriam em abundância pelo rosto ainda frágil. O olhar amedrontado percorria por todos os cantos e recantos daquele local de forma exacerbada, invadindo-lhe na alma o medo e, no coração, uma tristeza inenarrável perante aquela nova realidade que passava a viver naquela marcante despedida.

Foi deixado na frente de uma choupana, onde uma mulher de vestimenta bem simples o acolheu...

***

Quantas vezes nos encontramos entristecidos nos momentos de saudade?

Quantas vezes nos questionamos sobre os desígnios da vida, do constante ir e vir das criaturas?

Nós, Espíritos milenares que a cada reencarnação buscamos o reajuste necessário para com nossas próprias consciências, deparamos com o ciclo de luz concedido pelo Infinito Amor de Deus, desprendendo-nos das imperfeições que estacionam a Alma em nossa caminhada evolutiva, angariando conhecimentos, aprendizados que nos auxiliam em nossa ascensão espiritual.

Somos viajantes do tempo, aprendizes do sentimento sublime, buscando compreender a importância e a necessidade da pluralidade das existências, descortinando em nossos corações a certeza de que realmente a vida prossegue, de que os laços mantidos pelo Amor jamais serão enfraquecidos pela ausência física, mesmo quando nossos olhos físicos não mais puderem enxergar.

Lembremos: Os laços de família não serão destruídos pela reencarnação, muito pelo contrário, serão fortalecidos, pois é o princípio oposto que os enfraquecem.

Os Espíritos formam, no espaço, grupos ou famílias pela afinidade que se constitui de afeição e simpatia, a semelhança de inclinações que os tornam felizes por estarem juntos. Com isso, podemos entender que a encarnação ou o desencarne não os separam, senão momentaneamente, porque, depois da sua entrada na erraticidade, se reencontram como amigos ao retorno de uma viagem.

Como podemos perceber, somos realmente Espíritos muito amados que nos movimentamos pela oportunidade da vida corporal e extracorpórea para nos fortalecermos, para criarmos em nós maiores probabilidades de sucesso encarnatório perante nossas falhas do passado.

O Espírito, em sua essência, conscientemente almeja a realização dos seus comprometimentos que se dão a cada existência, passando naturalmente por meio do estudo pelo ciclo físico/espiritual que o impulsiona ao entendimento do verdadeiro significado da vida: a evolução.

O ser encarnado traz consigo potencialidades para o cumprimento de suas tarefas em um tempo estimado, para que possa desenvolvê-las da melhor forma por meio de todo um processo elucidativo ao qual fora adquirido na Espiritualidade, na qual se constitui sua preparação para o retorno ao veículo físico.

Quantas vezes já vivenciamos quadros em que as lágrimas visitam o nosso coração?

A saudade é existente tanto naquele que parte quanto na criatura que fica, são sentimentos fortalecidos no decorrer dos tempos em vidas passadas, mas que, desequilibrados pelo excesso, prejudicam o desenvolvimento e entendimento do verdadeiro significado da vida que impulsiona o ser à sua ascensão espiritual.

Quando mergulhamos nestes momentos de tristeza pela separação temporária de alguém muito estimado, o envolvemos pela sintonia do pensamento nas mesmas dores, causando neste ser sofrimento ainda maior que o nosso, estacionando-o nas lágrimas e, às vezes, na revolta que ainda sentimos por termos aparentemente o perdido para a "morte", agindo sobre esta criatura de uma forma constante, entristecendo o seu coração, confundindo seus pensamentos sobre o seu próprio progresso.

Quando enviamos tais sentimentos, estamos longe de auxiliar aquele que retornou ao Plano Espiritual, desequilibrando sua mente para o decorrer do aprendizado na Espiritualidade, necessário para a próxima encarnação, para uma nova conquista que refletirá toda a sua sublimação de sentimentos/pensamentos, conduzindo este ser criado por Deus aos céus de suas próprias emoções.

Que possamos conscientizar nossas mentes de que somos Espíritos milenares e que sempre estaremos juntos, unidos pelo sentir e pelo pensar, ligados fraternalmente pelo Pai a uma eterna família.

***

Enquanto o maestro era socorrido, pela primeira vez, se entregou ao sono reconfortador...

Capítulo VI
O Retorno

Após um período de estagnação, sofrimento e inconsciência, Frederic recobrou os sentidos enquanto era assistido por uma equipe socorrista. Logo percebeu que estava em um quarto simples, porém em companhia de pessoas atenciosas e dedicadas. Perguntou o que tinha acontecido com ele, onde estava e quem eram todos.

— O que fiz para estar aqui? Por que estou preso nesta cama?

— Caro Irmão, aqui não há prisões.

— Onde está minha governanta?

— Calma, descanse. Em breve, você saberá tudo o que precisa.

— Quero ir para casa agora.

— Sinto muito, mas não será possível.

— Como? Por quê?

— Você vai entender.

— Sou obrigado a me recuperar aqui, deste jeito?

— Aqui não somos obrigados a nada. O que fazemos é de coração aberto e pensamento elevado...

— Que história é esta?

— Vou lhe contar...

Miriam, a atendente que o tratava com carinho, tentou de todas as maneiras acalmá-lo, mas ele estava nervoso por não ter controle da situação.

— Há muito mais coisas entre o Céu e a Terra do que você supõe...

— O que está dizendo? Enlouqueceu?

— Não... A morte não existe...

— Aonde quer chegar?

— Passamos por várias experiências físicas e, após o término de cada uma, regressamos à verdadeira vida do ser, à existência do Espírito.

— Estou em um sanatório?

— Não! Você foi trazido a este posto por outros Irmãos para recuperar suas forças e...

— Exijo que me deixem em paz!

— Não se precipite...

— Posso escolher se quero ficar ou não?

— Sim, pode. Mas antes precisa saber que você está mais seguro aqui do que lá fora...

— Só pode ser um pesadelo! Deixe-me sair. Logo irei acordar.

— Não é sonho, é real.

— Quero sair! Exijo minha liberdade!

— Você acha que está em condições de sair por aí?

— Está me chamando de inútil?

— Claro que não! Só estou preocupada com você...

— Não preciso de sua preocupação, nem da de ninguém!

— Assim você não está se ajudando...

— Deixe-me sair, não me interessa o que está dizendo.

— Ficou muito tempo desacordado e...

— Ora, apesar de não me lembrar de quase nada não significa que...

— Há uma pessoa que quer muito vê-lo, só não sei qual será sua reação...

— Com certeza alguém que pode acabar com este grande mal-entendido, assim espero.

Neste momento Marieanne, autorizada, entra no quarto onde o amigo estava descontrolado.

— Sou eu...

Quando ele a viu...

— Estou delirando? Enlouqueci?

— Não, você está começando a se recuperar, mas não de insanidade.

— Como pode ser? Você... Você está morta!

— Como Miriam já disse, a morte não existe, pois somos imortais...

— Que truque é este?

— Não me permitiria enganá-lo.

— Devo estar vendo coisas.

— Quando não queremos ver...

— Mas como é possível?

— Assim como eu terá de se recuperar e readaptar para melhor entender o que se passa com você. Fique tranquilo, descanse agora. No momento exato terá respostas para todos os seus questionamentos.

— Se é mesmo Marieanne...

— Descanse, meu bom amigo. Sei dos seus anseios, mas este não é o melhor momento. Com certeza, Deus nos dará uma oportunidade para falarmos e ouvirmos o que desejamos por tanto tempo. Seja paciente.

— Posso dizer uma coisa?

— Pode, mas seja breve.

— Ainda é difícil acreditar que estou vivo, estando morto...

— Estamos vivos! No momento é só o que posso dizer. Agora descanse e em outra hora nos conversaremos de novo.

— Quando?

— Logo.

Ela saiu do quarto deixando o recém-chegado, embora confuso, bem mais calmo do que quando acordou.

— Se o que diz é verdade... Por favor, me perdoe...

— Está tudo bem. Agora descanse e irá se sentir bem melhor.

Para o músico era impossível duvidar do que tinha acontecido, já que ele ainda se sentia vivo. De certa forma, a alegria retornou ao seu coração, pois se realmente fosse verdadeira a cena da qual participara, teria uma nova oportunidade de agir de outra forma com aquela que tanto lhe chateou.

— Já acordou? — perguntou Miriam.

— Sim.

— Sente-se melhor?

— Mais ou menos.

— Aos poucos se sentirá cada vez melhor.

— Assim espero.

— Deseja conversar?

— Ainda não consegui entender o que se passa, o que passou, como vim parar aqui...

— Em breve terá consciência de tudo que lhe aconteceu...

— Quando?

— Dependerá de você.

— O que preciso fazer?

— Acalmar-se e procurar se recuperar...

— Sou portador de alguma imperfeição?

— Todos nós...

— Não consigo entender o que me diz.

— É natural. No entanto, se você se dedicar...

— A quê?

— A entender este processo da vida que nos alicerça a Deus.

— Tenho muito medo.

— O medo bem trabalhado é ferramenta importante para o nosso desenvolvimento dentro do processo evolutivo.

— O que devo fazer agora?

— Viver a vida em abundância, pois o Pai assim o quer.

— Não sei se saberei fazer...

— Não diga isso, apenas faça!

— Quando começar?

— Que tal agora?

— Está bem...

— Sente-se melhor?

— Envergonhado, mas bem melhor.

— Não há necessidade disso. Basta aprender com a experiência e não cometer os mesmos equívocos para que não precise se envergonhar novamente.

— Posso me levantar e conhecer o lugar?

— Ainda não, mas em breve.

— E Marieanne? Por que não vem me ver?

— Acredito que esteja ocupada agora. Entretanto, algo me diz que ela virá vê-lo assim que possível.

— Obrigado por sua atenção, pelo seu carinho.

— Verá, com o tempo, que Deus ama a todos infinitamente.

— Já tive outras encarnações, como dizem?

— Todos nós, sem exceção.

— Tenho como saber quem fui ou o que fiz no passado?

— Sim, mas no momento certo. Acredita que conhecer existências anteriores mudaria a sua situação atual?

— Não sei...

— Então, posso lhe responder. O passado nos mostra o que aprendemos até hoje, mas é no presente que está a oportunidade de fazermos um futuro melhor para nós e para aqueles que nos rodeiam. Entendeu?

— Creio que sim.

— Logo compreenderá.

— Assim espero.

Ele se recuperou rapidamente e logo chegou o dia em que pôde se levantar e conhecer aquele ambiente de Amor fraterno. Ansiava em descobrir a verdade, em rever sua própria consciência por meio de suas sucessivas experiências angariadas pela pluralidade das existências.

— Olá, amigo! Você tem visita — anunciou a atendente Miriam.

— Quem é?

— Olá...

— Marieanne! Estava com medo que estivesse magoada comigo e por isso...

— A mágoa é um sentimento que nos distancia daqueles que amamos ou que precisamos aprender a amar, por isso, graças a Deus, venho aprendendo a não senti-la por ninguém.

— Espero um dia estar como você...

— Não se preocupe com isso. Vamos passear?

— Posso, Miriam?

— Talvez você sinta uma leve indisposição, mas é normal após ter ficado tanto tempo na cama. Venha, eu o ajudo.

Ele foi amparado pelas duas atendentes daquele posto. Seus olhos procuravam prestar atenção em todos os cantos do lugar. O jardim florido emanava fragrâncias nunca antes sentidas por ele e o envolvia também pelos tons das cores.

— Que lindo!

— Sim, é muito bonito... Quer se sentar?

— Acho que sim.

— Bom, agora eu deixarei você em companhia de sua velha amiga, pois tenho outros compromissos.

E, tão logo ficaram sozinhos, ele iniciou a conversa que tanto queria ter.

— Fui um tolo todo este tempo. Só pensei em mim mesmo e naquilo que podia me beneficiar.

— Não precisa me dizer nada se não quiser.

— Eu preciso...

Ela, com respeito, ficou em silêncio e ouviu com atenção.

— Eu me senti tão pequeno quando pedi você em casamento na frente de todos! No fundo do meu coração não queria fazer aquilo, mas minha ambição foi mais forte e não resisti. Gostaria de dizer que não a amava como você queria, mas que a amei e continuo amando de uma forma muito especial, como uma grande amiga, uma irmã, se assim ainda posso dizer...

— Está tudo bem.

— Por todos aqueles anos convivi com a ferida aberta e exposta para me penitenciar. Ver você naquela situação me abateu profundamente. O arrependimento caminhou comigo me causando dores exaustivas, atormentando meus pensamentos todos os dias. Eu precisava me proteger de mim mesmo, de minhas tendências, mas falhei. Estar no lugar mais alto da galeria dos grandes era o meu objetivo, a minha vida, e não me dei conta do que fiz aos outros...

— Todos nós nos equivocamos e somos responsáveis pelas nossas escolhas e é por isso que reencarnamos inúmeras vezes. Precisamos descobrir o verdadeiro sentido da vida e, com isso, aprender a vivê-la com Amor — explicou Marieanne.

— Sinto por ter prejudicado outras pessoas... — lamentou Frederic.

— Não se culpe pelo fracasso dos outros. Se não estivessem propensos a isso, jamais teriam permitido o deslize. Quanto a mim, é hora de cicatrizar esta ferida. O meu desencarne aconteceu da maneira esperada, predeterminada para o meu progresso. Quanto aos outros, no momento certo e da melhor forma possível, você terá informações sobre eles.

— O que você quer dizer, Marieanne?

— Que Deus nos concede infinitas oportunidades para reconciliarmo-nos com aqueles que julgamos ser nossos adversários.

O casal conversou sobre outros assuntos até que ouviu, ao longe, uma canção tocada ao piano, que ecoava por todo o ambiente.

— Há música neste Outro Lado da Vida?

— Esta é a verdadeira vida. O que experimentamos encarnados é muitas vezes reflexo do que temos aqui na Espiritualidade.

— Como você sabe tanto?

— Você também irá aprender se quiser.

— Quero fazer melhor o que poderia ter feito e não fiz.

— Terá tempo para isso. Vamos até a sala de música?

— Não sei se...

— Não tenha receio. Aprenda a vencer seus medos. Vamos?

— Sim!

Ao chegar, ele encontrou uma senhora que tocava uma canção que elevava os pensamentos de todos e, emocionado com a poesia da melodia, com a harmonia que o conduzia a ter sentimentos mais sublimes e equilibrados, percebeu a grande diferença de tocar com a alma.

— Ficaríamos muito felizes se nos mostrasse um pouco da sua arte, do seu coração!

— Eu agradeço, mas... eu não posso...

— E por que não?

— Sinto não ser digno desta arte e muito menos desta oportunidade.

— Ora, o tempo, nestes casos, é o melhor remédio. Se pensar assim, como será capaz de mudar seus pensamentos e sua forma de agir?

— Não sei o que dizer...

— Não diga com as palavras e sim com o coração... Toque!

Naquele momento, ele se sentou ao piano e executou uma de suas composições mais belas. Lágrimas abundantes escorriam por seu rosto, revelando um novo ser capaz de transmitir, pela música, as emoções para o bem incondicional de todos. Ao terminar, não ouviu aplausos. Segundos de silêncio sustentaram o curto período de expectativa que ressoava no ar, até que, aos poucos, aqueles que conseguiam se levantar foram em direção ao músico, abraçando-o sem palavras, por causa da alegria que despertou em seus corações, comovendo-o profundamente.

A partir daquele instante, ele ficou responsável pelo momento musical, propiciando aos internos e trabalhadores melodias de rara beleza. No íntimo aprendeu a sentir emoções diferentes da vaidade. Em sua mente, a alegria que surgiu por poder ajudar com aquilo que melhor sabia fazer o auxiliou na sua adaptação.

— Como está se sentindo agora, amigo?

— Não tenho palavras para descrever...

— Que bom vê-lo assim!

— Miriam, posso fazer uma pergunta?

— Claro.

— Como vim parar aqui após o meu desencarne?

— Você foi socorrido por uma equipe nossa...

— Não vim direto para cá?

— Você não se lembra?

— Não. Onde estive?

— Em uma região onde realizamos resgates, entre eles, o seu.

— Em quais condições?

— Isso não importa agora.

— Quanto tempo permaneci?

— Contando com o tempo que conhece, muitos anos!

— Será que mereci ser socorrido?

— Todos nós merecemos.

— Existem outros neste lugar, não é mesmo?

— Sim, muito mais do que pode imaginar.

— O que os prende neste local?

— Imperfeições... Imperfeições...

— Um dia terei a oportunidade de acompanhar este trabalho de socorro?

— Acredito que em breve, mas, por enquanto, procure se fortalecer interiormente por meio da prece, dos bons pensamentos que fortalecem e revigoram nossas energias.

Diante desta nova realidade, Frederic tornou-se outro. Iniciou seus trabalhos no Posto Socorrista Luz de Maria como Orientador Musical e, com o tempo, passou a auxiliar no que fosse necessário às pessoas que eram trazidas ao local para os primeiros cuidados. Espíritos que demonstravam suas dores através dos olhares perdidos, emergidos na fé, em busca de um alívio.

— Percebe agora quanto trabalho temos a fazer?

— Marieanne, desde quando tem esta tarefa?

— Desde um pouco antes de você chegar aqui.

— Percebo que algumas pessoas não falam muito sobre tempo...

— O tempo que conhecemos quando encarnados não tem sentido aqui.

— Você...

— Se eu ajudei no seu socorro? Sim.

— Não me lembro...

— O mais importante é o agora!

— Estava desacordado?

— Talvez para a verdadeira vida...

— Perturbado?

— Não falemos mais sobre isso. Valorizemos este momento que, um dia, tanto esperei.

— Perdoe-me a insistência.

— Não há do que se desculpar, Frederic, apenas mudemos o rumo desta conversa, está bem?

— Sim, claro! A vida é realmente incrível. Quando acreditamos ter falhado por não ter conseguido o que desejávamos,

Deus, com Seu Infinito Amor, nos oferece outras formas de realização.

— Pena que muitos ainda tenham de desencarnar para conseguir entender isso, mas vamos lembrar que nunca é tarde para começar a dar o primeiro passo ao Amor.

— Marianne, obrigado...

— Agradeçamos a Deus por este momento!

Capítulo VII
A Equipe Espiritual

Frederic tornou-se um grande colaborador do Posto Socorrista. Não media esforços para auxiliar a todos com extremo carinho e dedicação. Quando não estava trabalhando com a música, o encontrávamos em outras alas de assistência àqueles que chegavam desorientados, assustados e fragilizados. Após um período de aprendizado, por meio do seu próprio merecimento, chegou o momento da sua primeira excursão a regiões mais densas. Aflito, buscava alinhar o sentir e o pensar, elevando os pensamentos para não prejudicar o padrão vibratório do trabalho de assistência aos necessitados.

O responsável por aquele grupo de auxiliares de Jesus reuniu a todos, tanto os encarnados, que por lá se encontravam em desdobramento, quanto os desencarnados que auxiliavam aquele local de luz, dizendo-lhes algumas palavras:

— Meus Irmãos, vamos eliminar qualquer sinal de ansiedade ou medo, pois o Cristo está conosco e precisamos senti-Lo por meio da confiança emitida de nossos corações pela prece. Deus de Infinito Amor, faça com que sejamos verdadeiros instrumentos de Sua Divina Misericórdia. Que nossos olhos possam enxergar o que as imperfeições ainda teimam em obscurecer com o véu de nossas limitações. Permita, Pai, que a luz e a paz envolvam os corações de todos os que precisam, assim como a nós mesmos. Que em breve, as dores, as angústias e as revoltas sejam esquecidas pelo novo tempo que anuncia o Amor por todo o sempre. Conduza-nos, Senhor, aos passos do Cristo. Que Seus pastores possam nos arrebanhar em paragens de luz em Seu nome. Que assim seja!

O músico sentiu a paz que invadiu a todos naquele momento, revivendo em suas emoções a confiança na tarefa que estavam prestes a iniciar.

Logo nos primeiros passos fora do Posto, sentiu a densidade do ar que o sufocava. Atento ao iniciante no trabalho, o responsável pela caravana aplicou alguns passes magnéticos, gerando uma melhora imediata.

— Amigo, peço que não desvie o seu pensamento do nosso real objetivo. Se sentir dificuldade à medida que formos atingindo as regiões de sofrimento, concentre-se na prece que revigora nossas energias. Não se afaste de nós por motivo algum. Acredite no Amor de Deus por todos.

— Desculpe se fraquejei...

— Você não tem que se desculpar. Apenas preste atenção às suas emoções e aos seus pensamentos.

No momento em que os socorristas chegaram ao local destinado, o compositor sentiu uma certa ansiedade e perguntou a outro membro do grupo que caminhava ao seu lado:

— Temos alguém programado para ser resgatado nesta viagem assistencial?

— O nosso trabalho é de Amor fraterno. Resgataremos aqueles que já tenham se resgatado da incompreensão sobre o Amor universal.

— Mas todos não se encontram nesta situação?

— Não, infelizmente não...

A caravana ia por caminhos repletos de lodaçais e, dentro deles, blasfemavam e insultavam a todos. Frederic a todo o momento se concentrava em prece.

— Não se sintonize às faixas dos pensamentos aqui emitidos. Concentre-se em emanar Amor.

Após alguns passos...

— Quem são vocês? Amigos do Cristo? Por que não me levam até Ele? Por que não sentem pena do meu sofrimento? Ei, você, me dê sua mão... Vamos! O que está esperando, seu inútil?!

O músico assustou-se com a investida do espírito orgulhoso que acreditava que, socorrido, seria levado a um lugar capaz de suprir suas necessidades materiais.

Entre tantos sofredores, uma criatura próxima a ele humildemente pede perdão.

— Por que me pede perdão? Eu a conheço?

— Sim. Talvez minha atual aparência não seja familiar, mas minha participação em sua vida...

— Esqueça o passado. Viva o presente para que no futuro seja melhor.

— Eu estou perdida em pensamentos desencontrados. Demorei muito para entender minha situação...

— O que deseja?

— Mais uma chance.

— Deus nos dá inúmeras oportunidades, com certeza, em breve a sua chegará.

Neste instante, outro companheiro que seguia no trabalho de assistência aos sofredores estende as mãos àquele ser, auxiliando-o a ficar em pé para que pudesse ser socorrido. Muitos Espíritos foram amparados, enquanto outros, ainda mergulhados em suas próprias tiranias, afrontavam aqueles que também já tinham sido resgatados.

Retornando ao Posto, o maestro auxiliou no que era necessário e ficou feliz, pois a excursão havia atingido suas expectativas. Estava emocionado ao ver os vários Espíritos que haviam sido trazidos e que, assim como ele, teriam a oportunidade do recomeço.

E entre eles...

— Eu sempre o respeitei...

— Quem é você? — perguntou Frederic.

— Não queria o seu mal...

— Quando nos conhecemos?

— Há muito tempo, quando eu deveria ter aprendido mais sobre o verdadeiro Amor e não consegui.

Frederic, confuso, tentou se lembrar da fisionomia daquela mulher, mas não a reconhecia por estar totalmente deformada. Percebendo a necessidade de deixá-la descansar, ele se despediu prometendo revê-la em breve.

Mais tarde, quando tocava piano, percebeu que Pierre o olhava atentamente tentando captar a essência do sentimento expresso pela música. Neste momento, recordou a triste tragédia que aconteceu na sua casa e que nunca conseguiu descobrir o que realmente houve naquela noite.

Melodias e harmonias provocavam as lágrimas em todos aqueles que se permitiam ser tocados pela música sublime. No final, o músico foi falar com Lafond.

— Como se sente?

— Não tão bem quanto queria, mas...

— Quando chegou?

— Fui socorrido e atendido pela caravana à qual você se juntou.

— Não vi você, perdoe-me...

— Eu é que tenho que pedir perdão, disse Pierre.

— Por que está me dizendo...

— Neste tempo em que fiquei em contato direto com minha própria consciência, sendo consumido diariamente pela dor, percebi os equívocos cometidos por tanto tempo. E o arrependimento que sufoca a pedir melhoria, correção...

— Sei disso, amigo, pois caminho pela mesma estrada.

— Não querendo subestimar a sua dor, acredito que não tenha percorrido nem a metade dos passos que dei, entre lágrimas...

— Não diga isto, não sabe dos enganos que também cometi, dos meus fracassos, que me levaram a este atraso evolutivo em que me encontro.

— Preciso abrir meu coração, pediu Pierre.

— Irá se sentir melhor com isso? Não se preocupe, não estou aqui para julgar você, muito menos para condenar seus atos, diz Frederic.

Pierre, sentindo-se mais confiante após a sinceridade das palavras do músico, desabafou sobre suas intenções e as ações tramadas por ele para realizar uma emboscada que jamais aconteceu. Revelou todos os pormenores, desde a revolta pela perda da mulher que amava, a consolidação de seu plano de se vingar daquele que afastou para sempre a possibilidade de se tornar uma pessoa feliz até o seu desencarne.

O compositor ouviu atentamente e, sem esboçar nenhuma reprovação ou indignação no olhar, o incentivou a buscar a paz interior que desejava sentir em razão do arrependimento sincero. Quando terminou, suas lágrimas regavam o início de um sorriso que, aprisionado por tanto tempo, ensaiava os primeiros esboços.

— Obrigado por me ouvir. Não sabe o quanto me fez bem, agradeceu o moço.

— Todos nós passamos por situações semelhantes, às vezes perdoando alguém ou a nós mesmos e também tendo que ser perdoados pelas nossas faltas.

Percebendo a proximidade de uma atendente:

— Receio que precise retornar agora...

— Não gostaria de me acompanhar?

— Gostaria, mas tenho que realizar outras atividades, no entanto, prometo estar com você assim que possível.

— Quando puder, fale com aquela mulher à qual prometeu visitar, falou Pierre.

— Sim, claro. Você a conhece?

— Não. Mas pelo olhar acredito que também tenha algo a dizer.

— Vá em paz, amigo.

— Você também e, mais uma vez, obrigado por me ouvir.

Enquanto caminhava em direção a um compromisso no Posto, o músico refletia sobre os últimos acontecimentos antes de seu desencarne, apresentados pela própria consciência. E também sobre a conversa com Marieanne e Pierre.

— Será que Deus algum dia me permitirá encontrar Marie e com as outras pessoas que desprezei, que prejudiquei com minhas atitudes?

Ele se mantinha dedicado ao aprendizado que adquiria no Plano Espiritual, sensibilizado pela generosidade dos corações que o auxiliaram. Com isso, tornava suas emoções mais sutis a fim de compreender os ciclos da vida física e espiritual, os desígnios da evolução. Observava os tarefeiros daquele posto assistencial e buscava, no alcance de suas forças, ajudar com o mesmo empenho e dedicação todos os que ali chegavam. Compreendia que muitos dos que ali permaneciam eram portadores de dores terríveis, geradas por suas próprias consciências. Assim, procurava não questionar quais os caminhos que os levaram até o estado em que se encontravam. Tentava sim, como ouvinte, aprender as lições importantíssimas que eram dadas por todos. Seus olhos e seu coração estavam voltados para os inúmeros leitos, onde os amigos benfeitores trabalhavam na recuperação dos que ali estavam. E, muitas vezes sensibilizado pela postura daqueles companheiros, envergonhava-se de suas atitudes do passado, trazendo temporariamente para si o fardo pesado e dolorido da culpa.

Lançou o olhar para o alto e, antes de qualquer coisa, agradeceu ao Pai por ali estar, mesmo doente, pois conquistou a possibilidade de auxiliar a tantos outros.

Após algum tempo, quando acabou seu trabalho com a música, percebeu a aproximação de alguém que o tocou.

— Com licença, posso falar com você?

Ao virar, confirmou sua suspeita sobre quem seria aquela mulher que não tinha conseguido visitar ainda por causa de suas tarefas.

— Isabelle, é você? Como está se sentindo?

— Sim, sou eu. Estou bem melhor. Teria um momento para conversarmos?

— Claro! Quer caminhar pelas alamedas?

— Quando a consciência nos chama e nos convida a refletir sobre o que fizemos, sobre o que estamos fazendo para o nosso crescimento como Espíritos, percebemos que nos prendemos a outros valores que nada significam para nossa evolução.

Desde que aqui cheguei, não penso em outra coisa a não ser na oportunidade de encontrá-lo, olhar em seus olhos e expressar o que ainda não consegui dizer a mim mesma. Aprendi que somos Espíritos em desenvolvimento, que nossos equívocos representam um aprendizado do qual não temos como fugir. Vendo você de longe em suas atividades, fico me questionando como não tive olhos para perceber aonde o amor ao próximo poderia me levar.

— Às vezes, Isabelle, só enxergamos o que queremos, só ouvimos o que desejamos escutar e, desta forma, nos limitamos a viver conforme nossas expectativas egoístas.

— Quero ser como estas enfermeiras, estes assistentes que nos acolheram com o coração, sem mesmo perguntar por que estamos feridos.

— Só dependerá de nós, somente de nós, concluiu o músico.

— Sabe quando voltará às regiões necessitadas de auxílio?

— Não... Eu não sei. O meu coração me diz que em breve, muito em breve terei ao meu lado aqueles que abandonei pela ambição adquirida e sustentada em várias existências.

— Seriam quem estou pensando?

— Se estiver pensando em François e Marie, está certa.

Entre as alamedas do Posto, o músico providenciou o retorno de Isabelle para a ala de adaptação da qual fazia parte. Ao entrarem, encontraram Marieanne que, emocionada pelo reencontro com Pierre, exclamou:

— Tenho certeza de que todos nos reuniremos mais uma vez e que será bem diferente o resultado deste próximo encontro!

Uma lágrima escorreu de seus olhos, deixando transparecer o que o coração sentia.

E assim seguiu em sua rotina de atividades no auxílio àqueles que chegavam e permaneciam naquele abençoado ponto de luz no Universo.

— Frederic, em alguns dias partiremos em caravana a uma região ainda mais distante da qual estivemos. Contamos com sua ajuda nesta tarefa que exigirá de nós um envolvimento ainda maior.

— Agradeço a oportunidade. Espero estar preparado quando o momento chegar.

Os portões do Posto Socorrista abriram-se novamente para uma nova excursão da caravana solidária aos Irmãos necessitados. O compositor, como da primeira vez, sentiu a ansiedade envolvê-lo, só que agora com maior intensidade, como se algo muito importante fosse acontecer.

A equipe espiritual, envolta em luz, entrou nas regiões densas, recepcionada pelos gritos de pavor, dor e revolta. Em nenhum momento, os componentes se enfraqueceram pelas ameaças que eram arremessadas em todo o percurso, nem mesmo quando encontraram pelo caminho um adversário do músico, que arrematou:

— Ora, ora, ora... agora Frederic Barson é um dos anjos do Cordeiro? Vocês não o conhecem, por isso permitem a sua companhia. Deixe-me apresentá-lo: egoísta, prepotente, arrogante, um inútil que não conseguiu ser mais que um reles músico. Diga a eles quem é... Diga!

Ele abaixou a cabeça e, sem cruzar com o olhar do ofensor, intimamente se refez pela prece que o confortou naquele momento tão delicado do trabalho. Distanciando-se, logo chegaram ao local programado para o resgate de dois Espíritos. Dividindo o grupo, seguiram cada um em uma direção. Ele ficou com a equipe que recolheria o primeiro Espírito e, quando o encontrou, chorou, não conseguindo conter a emoção que embargava suas palavras. Um abraço fraterno foi para ambos um bálsamo às feridas dos corações. Sustentando aquele ser marcado pelo sofrimento em seus braços, eles retornaram ao ponto de encontro com a outra equipe. Os benfeitores, no entanto, não encontraram tanta facilidade ao se depararem com os algozes da segunda vítima. Houve resistência por parte dos seres que o aprisionavam, mas, diante do Infinito Amor do Pai, conseguiram libertá-lo após intervenção superior, que só o responsável pela expedição conseguiu registrar.

De volta ao Posto Socorrista, Marie recebeu os primeiros cuidados, enquanto o outro Espírito socorrido foi levado para a ala destinada a casos específicos, onde se tratavam aqueles que se encontravam inconscientes.

O compositor acompanhava, quando possível, o restabelecimento de seu antigo amor, que se recuperava dos danos causados em seu perispírito por seu ato impensado. De volta às atividades, Frederic revelava nos temas interpretados ao piano, toda a alegria aos ouvintes atentos que registravam a música sublime.

Passado algum tempo, era possível ver o casal caminhando pelo Posto Assistencial, levando palavras de otimismo e fé para os que chegavam. Todos eram gratos pela Infinita Misericórdia Divina, pelo reencontro e pela oportunidade do aprendizado, em que se auxiliavam mutuamente, conforme o entendimento que adquiriam. Ele, sempre que possível, recebia notícias do quadro daquele que foi socorrido e ainda permanecia inconsciente. Ela pedia fervorosamente em suas preces pela melhora dele. Marieanne e Pierre rogavam ao Alto a intervenção por Madeleine, para que também fosse resgatada.

Diante dos incessantes pedidos de todos, chegou ao conhecimento de Marcus, responsável pelo Posto, que logo receberiam a visita de um Espírito amigo, que conduziria uma caravana até o local onde Madeleine estava aprisionada. Era tarefa difícil, pois se encontrava nas furnas, sob vigilância intensiva. Assim que desencarnou, foi levada até Barlok por espíritos enfurecidos que atuavam na queda do maestro, onde foi mantida sob sua custódia, para ser castigada por sua interferência.

— Frederic, será que o tempo trará alegria quando tudo isso terminar?

— Vamos acreditar no Amor do Pai, que sempre nos sustenta. Sem ele, Pierre, o que seria de nós?

Enquanto isso, na ala dos inconscientes, o espírito, que foi socorrido após imenso carinho e os devidos cuidados, despertou. Era François que agora se encontrava em condições de iniciar seu processo de recuperação e adaptação. Mais um motivo para todos concentrar energias, reforçando a crença de que teriam sucesso nas próximas empreitadas.

Capítulo VIII
O Resgate

— Frederic, está chegando um amigo seu que gostaria de vê-lo.

— Amigo meu?

— Sim! Está aguardando você na sala de música.

Muito ansioso e com curiosidade foi para o local do encontro. Lá chegando se surpreendeu com o que vê e chora.

— Como vai, meu filho? Não vai me dar um abraço?

— Oh, meu Deus...

— Quanto tempo, não é mesmo?!

— Sim, quanto tempo...

— Disseram que você se tornou um ótimo colaborador. Estou muito orgulhoso de você.

— Desculpe, mas não consigo falar.

— A emoção é um sentimento bonito. Não há motivo para se desculpar.

— Você é como um pai para mim.

— E você é e sempre será o meu filho do coração.

Victorien tinha chegado recentemente para auxiliar no resgate de Madeleine e trouxe com ele socorristas de outros planos.

— Estou muito feliz em vê-lo. É você quem estávamos esperando para a excursão à região das furnas?

— Sim, mas receio que não poderá nos acompanhar nesta tarefa...

— Por quê? Aprendi muito ultimamente...

— Não duvido de você, no entanto, não se esqueça de seu envolvimento nesta história.

— Não sei quem é este Barlok...

— Hoje você não lembra, mas há muitos séculos o conheceu muito bem, revelou Victorien.

— O que está dizendo?

— Apenas o que precisa ouvir para que possamos contar com sua assistência na prece sincera que nos ajudará a realizarmos este socorro.

— O que nos liga um ao outro?

— Tudo ao seu tempo...

— Compreendo!

— Um piano... Poderia tocar alguma coisa?

— Só se você tocar antes...

A melodia enchia de boas vibrações os corações de todos aqueles que captavam aquela poesia declamada, recitada por notas e acordes, sugerindo uma postura renovada. A música tocada no tom do Universo, em compassos mistos de paz e de esperança, retrata a luz de sua origem, sustentando o Amor fraterno. Se bem compreendida, exalta nossas emoções no aprendizado da vida, atingindo a consciência de cada um.

Quando estamos envoltos pela energia salutar, não percebemos o tempo que estamos inseridos, seja na Terra ou no Espaço, dando a impressão de que tudo passa muito rápido...

— Frederic, é hora de nos despedirmos temporariamente. Conto com seus pensamentos positivos.

— Vão em paz, e esteja certo, Victorien, de que jamais deixarei de pensar em você, dando apoio a esta tarefa com bons pensamentos.

Ele observava a caravana que se distanciava do Posto, deixando em seu coração a certeza de um breve retorno. Victorien refugiava-se em seus pensamentos sintonizados às esferas elevadas e, em silêncio, pedia proteção aos companheiros que saíram naquela missão. Luzes eram emitidas e os acompanhavam em toda a trajetória até o local onde resgatariam aquele Espírito por meio da Infinita Misericórdia de Deus.

E, em prece, rogavam:

"Pai Amantíssimo, aqui estamos diante de Vós e de Vosso Infinito Amor para cumprirmos a Vossa vontade. Fortalece, Pai, guie nossos passos para que não venhamos a sucumbir diante das fascinações. Permita, Senhor, que estejamos Convosco neste momento. Que o Amor possa se fazer presente em todos nós, sobrepondo a dor diante das forças desorganizadoras. Envia-nos a luz para que tenhamos condições de enxergar a verdade e as imperfeições que nos pedem a transformação necessária. Pai, gratos estamos por esta oportunidade. Que Jesus, o Irmão Maior, nos acompanhe no instante em que mais precisarmos de Vosso exemplo, hoje e sempre. Que assim seja".

A equipe socorrista, dirigida por Victorien, entrou na região das furnas sob ataque. As luzes que os acompanhavam intensificavam-se ao redor do grupo, afugentando a primeira resistência contra o resgate. A caravana criava por meio da prece uma redoma que a protegia das formas-pensamento que eram lançadas. As luzes expandiam-se penetrando nas cavernas que se iluminavam de tal forma que chegavam a ofuscar os olhos daqueles que ainda não entendiam tamanha sublimidade.

— O que vocês querem? Saiam daqui!

— Viemos falar com Barlok.

— Saiam daqui, vocês não são bem-vindos.

— Não iremos antes de encontrá-lo.

À medida que os insultos ganhavam formas, as luzes irradiavam uma espécie de fogo frio que as queimavam antes de se chocarem com o grupo de assistência.

— Saiam daqui! Não temos ninguém do Cordeiro em nossas prisões.

— Por favor, queremos falar com Barlok.

De repente, uma figura animalizada surge na frente de Victorien.

— O que você quer aqui?, gritou Barlok.

— Vim falar com você...

— Arrisca-se tanto para chegar aqui e perder o seu tempo?

— Venho buscar Madeleine que está sob seus cuidados.

— Saia daqui! Vá com os seus para Aquele que se diz Salvador...

— Filho, Jesus está conosco sempre, inclusive agora, fazendo a vontade de Deus...

— Chega! Não quero mais ouvi-lo. Agora, saia daqui!

Naquele momento, uma das luzes que aumentava a claridade nas cavernas começou a criar forma. Uma presença angelical aproximou-se de Barlok dizendo:

— Você é também, para mim, um filho amado. Venha conosco e seja feliz! Jesus o aguarda. Deixe o passado para trás. Entregue-se ao hoje para que o seu amanhã seja repleto de alegrias, e isso só acontecerá se a sua consciência lhe trouxer paz.

Os benfeitores redobravam seus esforços para auxiliar a criatura que ainda estava mergulhada em sentimentos de revolta. Os socorristas vibravam para que aquele ser pudesse se desligar de seus planos de vingança que só trariam mais sofrimento. Elevavam o pensamento, pedindo forças para que retornassem com ambos para a devida reabilitação.

Barlok olhava para eles com desconfiança, sentindo interiormente uma força avassaladora que o levava a pensar em regeneração. Embora não percebesse, inteligências superiores próximas tentavam influenciá-lo a aceitar.

A criatura envolvida por fluidos benéficos começava a abandonar a postura arredia do começo, que o mantinha preso àquela situação. O ser, que anteriormente estava trancado nas celas de sua própria consciência, parecia despertar para o momento tão aguardado por todos os envolvidos.

Uma luz esverdeada iluminou sua mente, libertando seu coração para balbulciar as primeiras palavras suaves.

— É muito tarde para mim...

— Jamais é tarde quando decidimos retomar o caminho de onde paramos. Venha, meu filho, deixe sua vida brilhar ao lado daqueles que o querem bem.

— Que bem é este?

Naquele momento, as luzes se intensificaram ainda mais, produzindo a proteção para aquela tarefa, enquanto Victorien abria seu coração.

— Perdoe meus fracassos com você. Dê-me mais uma oportunidade de sanar em minha própria consciência este débito que me martiriza. Por misericórdia nos dê esta chance.

Então, atendendo ao olhar de Barlok, seus seguidores arrastaram Madeleine até eles...

— Aqui está a mulher que vieram buscar...

— Como disse, além dela, viemos buscar você.

— Deixem-me em paz!

— Paz? Acredita que terá paz na condição em que está? Acha mesmo que agindo assim ficará bem?

— Sou feliz...

— Feliz? Creio que não. Lembra-se da última vez em que sorriu verdadeiramente, sem disfarces ou mentiras?

— Quem pensa que é para falar assim?

— Alguém que o ama!

— Fuja enquanto ainda permito!

— Não sou eu que preciso fugir... Por que ainda foge de si mesmo?

— Deixe-me em paz! Por que tortura minha mente?

— Vê? Também está em busca da paz!

— Sou feliz!, repetiu Barlok.

— Mesmo? Acha mesmo que a felicidade é isso? Por que parece estar tão angustiado?

— Não perca seu tempo...

— Já sorriu para você mesmo de verdade? Notou a alegria sincera em seu coração?

— Por favor, pare!

— Perceba a humildade que existe em você e que pode levá-lo ao arrependimento...

— Não, não!

— Por que se prende a uma situação que não suporta mais? Por que, meu filho?

— Eu não sei...

Então, uma lágrima escorreu pelo rosto de Barlok e, como uma armadura, caiu por terra a forma que moldou por tanto tempo aquele Espírito, revelando-o frágil e necessitado.

— Por favor, me ajude... Não suporto mais esta situação!

— Por isso é que estamos aqui!

A equipe socorrista, aliada à Espiritualidade Superior, bloqueava as ações dos agressores por meio das luzes que emitiam de suas frontes. Enquanto isso, outros mais acovardados corriam para o interior das cavernas, possibilitando a manutenção do equilíbrio necessário para um retorno em segurança pelos caminhos que ainda teriam de percorrer.

O espírito, que se manifestou intercedendo no momento certo, fazia parte de um passado que envolvia Victorien, Barlok e Frederic Barson. E, pelas sucessivas oportunidades de reajuste concedidas pelo Pai, todos finalmente conseguiriam o que queriam para o ajuste de contas com suas próprias consciências.

Barlok, influenciado pelo sentimento que emanava daqueles Espíritos que o amavam, permitiu o socorro, pois interiormente já havia sido resgatado pela angústia que o conduziu à sua mudança moral.

Em lugar seguro, as luzes se dirigiam rumo ao Universo, deixando a caravana encarregada de levar os Irmãos socorridos até o Posto. No caminho, Victorien, cedendo à emoção do momento, agradecia em pensamento a Deus por aquela dádiva:

— "Pai, minhas palavras são muito pequenas diante do sentimento que cresce dentro de mim. Agradeço a Vós pelo amparo e auxílio, pelas condições favoráveis que permitiram a boa ação de todos os envolvidos nesta

tarefa, cumprida em Vosso nome e sob Vosso Amor. Pai, obrigado pela vida que nos concede, pela harmonia das existências, pelos degraus evolutivos que nos aproximam cada vez mais de Vós".

O grupo chegou ao Posto Socorrista e foi recepcionado pelos atendentes que levaram rapidamente os dois espíritos para suas respectivas alas.

— Aquele era Barlok?

— Sim, Frederic. Não o reconheceu?

— Deveria?

— Não apressemos a lembrança.

— Victorien...

— Sim.

— E Madeleine?

— O tempo se encarregará de seu restabelecimento.

— Tenho certeza que sim...

— E os outros?

— Adaptados, Pierre e Marie já desenvolvem atividades com os recém-chegados.

— Que bom! E você?

— Estou trabalhando, mas sinto que me falta algo que não sei explicar.

— Em breve será preciso buscar fora o conhecimento que suprirá as necessidades que sente agora.

— Existem outros campos de trabalho para o nosso desenvolvimento?

— "Há várias moradas na Casa do Pai", como nos afirmou Jesus.

— Eu saberei quando for a minha hora de partir?

— No momento certo, saberá.

— Alguém me levará até este local?

— Com certeza.

— Quem seria?

— A pessoa certa.

Embora o músico permanecesse sem compreender bem as coisas, resolveu parar de fazer perguntas, pois aprendeu naquele recinto de paz que tudo tinha o seu momento certo de acontecer.

François, já recuperado e adaptado, participava das terapias fora de sua cama, entre elas, a da música, procurando se autoconhecer. Compreendia suas fraquezas e queria sublimá-las, começando por tentar superar suas diferenças com o maestro, aceitando sua consciência sem a culpa que o violentara durante tanto tempo:

— Fico feliz por ver que você está melhor, François.

— Obrigado, Frederic, mas é tudo o que consigo lhe dizer de imediato.

— Não se acanhe por mim, pois entendo o seu momento e o respeito. Sabe, amigo, muito aprendi aqui e às vezes também me pergunto por que me distanciei tanto de mim mesmo. Fique em paz.

O compositor caminhava pelo jardim, prestando atenção nas cores e no perfume que espalhava uma doce fragrância por todo o Posto. Em passos lentos, voltou à sala de música, e, ao piano, pensava nos acontecimentos desde sua chegada. O encontro com Marieanne e com a verdade, suas tarefas, o resgate do qual participou pela primeira vez, o reencontro com Marie, as conversas com Pierre e François, a alegria por rever Madeleine segura e a emoção incontrolável por reencontrar seu grande amigo.

Enquanto isso, Victorien cuidava da reabilitação de Barlok, que sem o aspecto animalesco que criou mentalmente sobre seu perispírito, retomava sua forma verdadeira, modificando seus sentimentos e pensamentos, tornando-se cada vez mais receptivo ao processo de mudança interior.

O momento era belo. Todos os pensamentos convergiam rumo à certeza de tempos melhores. Cada um, à sua maneira, continha a esperança que os fortalecia dentro de uma meta a ser alcançada por eles próprios... A de serem felizes.

O músico, cedendo à emoção, não conteve as lágrimas ao reconhecer seu aprendizado e suas novas possibilidades de evolução. Suas mãos trêmulas desafiavam o tempo do compasso que o coração criava e recriava nas partituras da Misericórdia Divina. Ele ansiava e ao mesmo tempo receava pelo seu retorno à experiência física. As lágrimas rolavam dos olhos, trazendo uma nova perspectiva, com novas paisagens, novas probabilidades de sucesso. Totalmente envolvido pela melodia que ecoava em seu interior, abria campo em sua mente, transportando-se para outras épocas. Em sua tela mental, recordava-se dos momentos da existência passada e de outras encarnações anteriores que eram reveladas.

— Conseguiremos um lugar para comer alguma coisa e descansar um pouco, assim que chegarmos a este endereço.

— Senhora, para onde está me levando?

— Para um lugar bem longe de mim.

— Por quê? O que fiz?

— Preciso escondê-lo. Você faz parte de um passado que não posso revelar a ninguém.

Ele se reconhecia na figura daquela criança, mas não conseguiu identificar a senhora que estava prestes a abandoná-lo.

— A partir de hoje, estes serão seus pais, devendo obedecê-los e respeitá-los.

Neste momento, Victorien entra na sala de música, e Frederic retorna de suas lembranças.

— Estava se encontrando com o passado?

— Estava pensando sobre mim mesmo, quando de repente me vi em outra época, em outro corpo!

— E o que viu fará de você um novo ser ou isto dependerá somente de sua decisão de iniciar o processo de transformação?

— O que quer dizer?

— Que nem sempre precisamos nos remeter ao passado para movermos hoje a pedra que nos dá acesso ao amanhã. Podemos e devemos, independentemente de quem fomos ou do que fizemos ontem, revelar a nós mesmos objetivos mais elevados para a sequência evolutiva por meio de nossos próprios passos.

Em um abraço fraterno, ele entendeu que era melhor, naquele momento, deixar o passado para trás e que de seu esforço e de seu coração dependeria a superação dos limites. Quem foi e o que fez não era mais importante do que trabalhar no momento para criar aquele que seria no futuro.

Madeleine, Marieanne, Pierre, Marie, Barlok, François, Isabelle e o próprio Victorien eram seres muito importantes para ele naquele momento. O que importava era apenas como eram no presente.

Capítulo IX
A Despedida

O músico encontrou-se com a própria consciência, aprendeu e iniciou o processo de transformação que o levaria à transcendência.

Nos olhos, um novo brilho irradiava intensa luz e, em seus sentimentos, a determinação começou a fortalecer a coragem para modificar antigas tendências. Ele já não se culpava pelos equívocos do passado. Sentia-se livre para dar os próximos passos que o levariam a uma nova fase de acertos para sua evolução.

Caminhava reflexivo ao lado daquela que o auxiliou e o encaminhou ao bem em todo o período que por lá esteve...

— Frederic, em que está pensando?

— Em todo o tempo em que estive aqui, em tudo o que aprendi, nas pessoas que conheci, que reencontrei e principalmente em mim.

— E o que ficou de mais importante?

— Todo o aprendizado oferecido, todos vocês que sempre estarão em meu coração e a oportunidade de ter me reconciliado com alguns dos muitos que, de certa forma, prejudiquei.

— Você sabe por que Victorien ainda não partiu?

— Acredito que, além de estar ajudando Barlok, esteja me esperando... Algo dentro de mim me diz que estou prestes a partir...

— Está certo, meu amigo. Precisa aprimorar seus conhecimentos para regressar ao plano físico.

— Miriam, tenho medo de não ter adquirido experiência suficiente e falhar de novo em mais uma existência física.

— Terá a oportunidade de provar a si mesmo que é capaz. Por enquanto, procure se preparar para conhecer outra arte.

— Outra arte? Qual?

— A arte do verdadeiro Amor... Mas agora creio que algumas pessoas estão esperando por você na sala de música...

Ao chegar, ele encontrou aqueles que, um dia, no passado, acreditou serem desafetos. Hoje e futuramente, amigos que o receberam com um belo tema interpretado por Victorien.

— Estamos felizes por você.

— Estou começando a me apavorar só de pensar em partir...

— Sabe que é o melhor para você, não sabe?

— Sim, Marieanne, eu sei...

— Saiba que temos plena convicção de seu sucesso nesta nova etapa de aprimoramento. Desejamos a você felicidades e esperamos que não se esqueça destes momentos em que estivemos juntos, aprendendo juntos.

— Grato, Marie. Eu jamais me esquecerei de vocês. Aqui aprendi a conviver com as diferenças e hoje o que sinto é carinho e muita admiração pelas virtudes existentes em cada um de vocês, meus amigos.

Neste momento, também se aproximam dele Pierre, Miriam, Madeleine e Barlok.

— Esperava por isto, Frederic?

— Não, admito que não!

— E não é só isso... Agora François está aprendendo piano...

— Não me diga, Miriam. É verdade, amigo?

— Sim, mas não se envaideça, apenas gostei do que aprendi a ouvir com mais atenção e desejo estudar um pouco mais.

Naquela hora, todos permitiram que a descontração viesse à tona, sorrindo com o coração. O músico comoveu-se ao perceber a forma carinhosa com que todos o olhavam. Miriam, em poucas palavras, agradecia a Deus por aquele reencontro que foi amparado por intensa luz:

— "Pai, aqui estamos em Teu nome para Tuas obras, desenvolvendo em nós as sementes do Teu Amor. Hoje sorrimos pela alegria da conquista do entendimento que nos aproxima de nós mesmos, que ilumina os nossos corações guardados por Tua Infinita Misericórdia. Que possamos compreender o Teu Divino Amor nas sucessivas oportunidades de aprendizado".

Diante dessas palavras, foi criada, entre aqueles Espíritos, uma afinidade de sentimentos que os comoviam. O compositor, ao piano, executava os temas preferidos quando encarnado, deixando todos emocionados, despertando lembranças e saudades.

Logo chegou o momento de sua partida e, embora felizes por ele, as lágrimas dos que ficaram foram inevitáveis.

— Frederic, fique tranquilo. Não permita que a ansiedade comprometa este período de transição para a aprimoração dos conhecimentos. Lembre-se: o Amor liberta, não aprisiona!

— Marie, me recordarei de suas palavras e procurarei aproveitar este tempo para desenvolver o melhor em mim.

— Tenho certeza que sim, meu amor.

— Fiquem em paz. Em breve nos reencontraremos...

— É com essa certeza que busco sustentar as bases do meu coração...

Tão logo se despediu de todos, ele partiu para novas cercanias e durante o percurso ia pensando longe, vagando pelas estrelas, questionando sobre como seria a nova fase. Victorien, ao seu lado, percebendo o receio do grande amigo, começou a conversar sobre outros assuntos, a fim de deixá-lo mais calmo e seguro.

— Você é capaz! Acredite!

— Estarei pronto para o que me espera?

— Assim como no aprendizado da arte, só dependerá de você.

Capítulo X
Educandário de Luz

Ao longe, Frederic já via os portões e parte da Colônia para onde estava indo, impressionado com a extensão das instalações diante de seus olhos. Perguntou a Victorien sobre a construção magnífica formada por vários prédios e coretos que se estendia à sua frente.

— É para lá que estamos indo?

— Sim, de volta ao lar, de volta ao lar...

Assim que entraram, a emoção tomou conta do coração do músico profundamente. Os primeiros prédios eram os de reabilitação e aprendizado das crianças que, naquele momento, brincavam e conversavam do lado externo. Consciente da posição de aprendiz, nada mais perguntou. Apenas esperou a hora certa na qual teria as respostas para tantas dúvidas que surgiam.

Os dois viajantes são recepcionados por Alfred, responsável pelo setor em que o compositor iniciaria o seu desenvolvimento antes da reencarnação.

— Obrigado por trazer Frederic até aqui. De agora em diante, se me permitir, vou mostrar o lugar para ele.

— Claro. Se precisar de algo, sabe onde me encontrar.

Logo que começaram a visita de reconhecimento, o músico sentiu a sensação de já ter andado por aqueles ambientes outras vezes.

— Senhor...

— Pode me chamar de você.

— É engraçado... Tenho a impressão de já...

— Conhecer o lugar?

— Sim.

— Já conhece, mas algumas modificações foram feitas desde sua partida.

Mesmo ansioso por saber detalhes, ele se conteve e permaneceu em silêncio.

— Sei o que está pensando, mas o tempo trará as respostas.

— Sim, senhor, quero dizer, compreendo.

Aquele setor se dividia em várias repartições. Na primeira eram dadas as informações sobre a importância da evolução aos recém-chegados; na segunda, sobre a evolução do planeta de uma forma básica; na terceira, sobre a missão de Jesus; na quarta, sobre a importância de cada um no processo evolutivo da individualidade e da coletividade; e, na quinta, a última etapa desta primeira fase, sobre as leis de causa e efeito relacionadas a vidas passadas.

O recém-chegado estava surpreso com toda aquela organização. O respeito existente no local o comoveu e, em um misto de sentimentos, sorria e chorava feliz ao mesmo tempo em que lembrava com saudades dos amigos que deixara para trás.

— Se quiser, amanhã mesmo poderá começar a estudar, mas antes gostaria de mostrar outros departamentos que apresentam simultaneamente cursos diferentes, entre eles, o de música.

— Há escola de música?

— Não da maneira como imagina. Aqui se ensina muito mais do que teoria e prática. Nestas aulas os alunos aprendem a importância deste veículo e a sua ação no sentimento, assim como a atuação por todo o Universo.

— Quem leciona?

— Espíritos que trazem o conhecimento de esferas mais altas.

— Interessante...

— Gostaria de conhecer?

— Sim, claro.

De longe podiam registrar a sublime melodia que preenchia todo o ambiente. O coração do compositor batia descompassadamente, pois se tornava mais sensível com a emoção.

— Frederic, quero lhe apresentar o responsável por este trabalho... Este é Franz Schubert.

— Olá, seja bem-vindo.

— Obrigado...

— Schubert, este nosso amigo também se dedica à música...

— É mesmo?

— Acho que não...

— Estaria disposto a estudar conosco?

— Ficaria muito feliz.

— Estamos para começar uma nova turma, se quiser...

O músico olha para Alfred que o tranquiliza.

— Não se preocupe, você poderá se dedicar a este aprendizado, pois a realização da primeira etapa dos outros estudos se dará em outro horário.

Ele não percebeu quanto tempo havia passado. Participou de todas as fases dos estudos, também dos de música, o que lhe abriu novos horizontes do saber. Compreendeu as oportunidades que são oferecidas pelo Amor de Deus, o auxílio para que todos nós tenhamos condições de desenvolver nossas potencialidades.

Victorien acompanhava o processo crescente do filho querido, a sua determinação em melhorar.

Suas lembranças vagavam pelos últimos dias encarnado, pelos equívocos que tentava corrigir não só pelo esclarecimento que buscava adquirir, mas também pelas atitudes que passava a adotar.

— Como pude me esquecer de todo este aprendizado na Espiritualidade, cometendo erros atrás de erros em minha existência física?

— Está pensando em que, Frederic?

— Sim, Victorien... Estou questionando como é possível, após tanto preparo, colocar tudo a perder em uma encarnação.

— Meu bom amigo, nada se perde. Todos os conhecimentos adquiridos são conquistas do Espírito que, pelo despertar, compreende melhor esta soma de valores, de virtudes que, com o tempo, auxilia na transformação de nossas imperfeições.

— Por que para alguns é mais fácil essa compreensão?

— Não há facilidade ou dificuldade de entendimento quando estamos atentos ao nosso progresso. Se estamos determinados, avançamos em direção aos nossos objetivos. Se acomodados, ficamos esperando que alguém ou alguma coisa se responsabilize pelos nossos atos. A vida é trabalho, é conhecimento e Amor. Não desista diante dos desafios, pois eles também fazem parte do nosso aprimoramento.

— Percebi algumas diferenças entre os Espíritos que aprenderam comigo...

— Quais?

— Alguns pareciam mais receptivos, outros alheios, outros tristes..., comentou Frederic.

— Aqui muitos encarnados desdobrados procuram reforçar o ensino que já obtiveram antes da encarnação.

— Victorien...

— Sim.

— O que ainda me falta aprender?

— Aprender não é apenas receber informação. Muitas vezes aprendemos e não praticamos. Sabemos, mas não fazemos. Precisamos usar nosso conhecimento em favor do semelhante e de nós mesmos, agindo com a inteligência em benefício do Amor e não da dor que mostra nosso atraso.

— Há Espíritos coniventes com o mal?

— A inteligência não está relacionada à moral do ser. Há Espíritos altamente informados, mas que usam seu saber para o mal. Compreende?

— Acho que ainda não...

— Terá muito tempo para refletir e entender.

O músico logo ingressaria em outras etapas de aprendizagem que o levariam a compreender melhor toda a complexidade da existência. E assim se deu!

— Frederic, como se sente após este período conosco?

— Muito bem, Alfred... Sinto ter aprendido muito com Schubert em relação ao sentimento da música e a entender melhor a minha existência. Posso perguntar uma coisa?

— Fique à vontade.

— Quando começará o meu processo de reencarnação?

— Não se preocupe. Não fique ansioso pensando em algo que irá acontecer em perfeita harmonia. Muito temos a assimilar e, no momento propício, seremos capazes de entender tranquilamente a razão de tantos "porquês". Não passe o tempo remexendo a ferida, pois assim não permitirá sua cicatrização. O seu amanhã é formulado ou reformulado com base em quem você é atualmente... Viva este momento!

— Perdoe-me...

— Nada tenho a perdoar. Talvez você precise perdoar a si mesmo. Vamos ao setor de conscientização, pois quero lhe apresentar a Irmã Adelaide, a responsável pelas próximas fases de seu aprendizado.

Chegando lá ele se encontrou com um Espírito que revelava imensa doçura no olhar, enorme paz no rosto, envolvendo-o com a meiguice de suas palavras.

— Olá, querido!

— Olá!

— Schubert tem me falado de sua sensibilidade... Se me permitir, Alfred, gostaria de mostrar a ele nossas instalações... Se quiser nos acompanhar...

— Agradeço o convite, mas preciso ir.

— Vá em paz!

— Você também, Irmã. E você, Frederic, tenho certeza de que encontrará as respostas que tanto procura.

O músico parte então para conhecer o lugar.

— Esta sala é destinada aos encarnados que, por intermédio do sono físico, vem até aqui em busca das informações para melhor entender o processo da reencarnação. As demais salas são variadas, sendo usadas tanto por nós desencarnados quanto pelos encarnados.

— O que muda em relação ao aprendizado anterior?

— Precisamos vencer várias etapas para atingir nossos objetivos. Aqui daremos sequência ao que precisa aprender.

— Como posso agradecer...?

— Agradeçamos ao Pai.

Ele desenvolvia o seu aprendizado, mas, de vez em quando, se dispersava, perdendo-se em seus pensamentos.

— Frederic, está tudo bem com você?

— Sim.

— Mesmo?

— Às vezes me descuido e acabo retomando algumas lembranças.

— De alguém em especial?

— De alguns amigos...

— Encarnados?

— Acredito que não. Estávamos juntos no Posto Socorrista Luz de Maria e, após ter vindo para cá, não tive mais notícias.

— Gostaria de visitá-los?

— E seria possível?

— Acredito que em poucos dias, com o intervalo das fases, seja possível a sua ida ao Posto, claro que acompanhado por amigos...

— Eu ficaria extremamente feliz...

— Eu sei.

— Falarei com a Adelaide sobre isso e veremos o que podemos fazer.

— Serei eternamente grato.

— Não precisa me agradecer. Fico satisfeita em ver você bem.

E assim se deu. O músico, acompanhado de Victorien, Swellen, a monitora que conversou com a Irmã Adelaide, alcançaram o Posto. Muito emocionado abraçou Miriam.

— Como vai, meu amigo?

— Bem... Estou muito bem, e você?

— Estou ótima!

— E o trabalho?

— Continua...

— Olá, Victorien! Olá, Swellen!

— Olá, Miriam!

— Paz a você, minha Irmã.

— Miriam, você já conhecia a Swellen?

— Sim, há muito tempo...

— E os meus amigos? — questionou o músico.

— Quais?

— É verdade... Todos aqui são meus amigos...

— Marieanne, Pierre, François, Marie, Madeleine e Barlok?

— Sim!

— Todos já retomaram o processo de tomada de consciência.

— Como assim? Reencarnaram?

— Não, ainda não, mas como você estão adquirindo novos conhecimentos em outras moradas na Casa do Pai.

— Estão juntos?

— Não, cada um está caminhando conforme sua condição espiritual, necessidades e afinidades.

— Estão bem? Tem alguma notícia?

— Sim, estão todos bem. Marieanne, logo após sua partida, também foi conduzida para uma das inúmeras universidades do espaço e os demais, sucessivamente, um a um, foram partindo para a sequência de suas vidas.

— Claro!

— Não há motivos para você se entristecer.

— Não é tristeza, é saudade.

— Compreendo, mas lembre-se de que os verdadeiros sentimentos jamais se distanciam.

— Buscarei guardar em meus pensamentos as suas palavras.

— Faça isso.

E, após uma curta visita, despediram-se de Miriam e de todos os benfeitores daquele Posto, chegando rapidamente ao interior da Colônia para a continuidade dos trabalhos e do aprendizado.

— Frederic, você não ficou frustrado, não é mesmo?

— Não, claro que não.

— Esteja certo de que sempre reencontramos aqueles que queremos bem e que aprenderemos a ter este mesmo sentimento fraterno também pelos que hoje acreditamos ser nossos desafetos.

— Vamos nos reconciliar também com nossos inimigos?

— Com os adversários, meu amigo. É por meio das sucessivas experiências que adquirimos a capacidade de respeitar o próximo, de nos aproximarmos do entendimento sobre o Amor Universal.

O tempo passou e ele, após as fases do esclarecimento, é convidado para o trabalho com Schubert.

— Eu o aguardava, meu amigo. Estou feliz por tê-lo conosco.

Comovido, o músico não tinha palavras. As lágrimas revelavam toda a alegria por se integrar à ordem dos músicos responsáveis pela apresentação do sublime.

— Meu bom amigo, antes de iniciarmos, sugiro que se aprofunde no seu principal objetivo e suas causas, buscando conhecer minuciosamente o que mais adiante irá reproduzir no mundo físico, disse Schubert.

— Prometo dedicação nesta nova tarefa...

— Tenho certeza que sim.

E assim ele ingressou determinado no seu compromisso, aprendendo e ensinando durante o período preparatório, conhecendo a arte como jamais imaginou, desenvolvendo maior sensibilidade, que seria imprescindível para a breve reabilitação diante da própria consciência.

Em outra Colônia vamos encontrar Marie, que, entre tantos aprendizados, desenvolvia também o da música, a fim de conhecer melhor a arte que trouxe o Amor ao seu coração.

A aprendiz daquela arte estava pensando sobre os desígnios da lei da vida, os mecanismos que desvendam encarnações, as disposições e as causas da mudança.

— Que mãos são estas que conduzem de forma tão perfeita o crescimento de cada um com tanto carinho?

— As mãos de Deus, minha filha!

Ela é despertada daquele momento reflexivo por um benfeitor que lhe registrou o pensamento e que se aproximou no intuito de auxiliá-la para um maior entendimento sobre algumas de suas dúvidas.

— Posso ser útil em algo?

— Gostaria de conversar um pouco... De saber notícias de...

— Frederic?

— Como sabe?

— O tempo trará as respostas que deseja.

— Ele está bem?

— Você está bem?

— Estou...

— Pois bem... Deus concede a todos oportunidades de recuperação. Fique em paz, pois asseguro que ele está se dedicando neste momento ao mesmo propósito.

Ela, após alguns instantes, se transportou para dentro de si mesma, sentindo no coração o Infinito Amor de Deus abrindo as cortinas do recomeço, de uma nova estrada que traduzia a necessidade da reencarnação para a melhoria do ser.

Enquanto isso, Frederic se mantinha determinado no aprendizado e disciplinado no que se comprometeu a realizar. Seu ser cada vez mais sensibilizado depositava nas emoções dos aprendizes a importância do amor pela arte, comovendo--os pela devoção de suas palavras. Os ouvintes atentos degustavam os acordes que ressoavam por um novo conhecimento, desvendando a arte de falar ao Espírito sobre a sublimidade de expressar sentimentos elevados aos recantos mais profundos da Alma.

Tempos depois encontramos o músico mergulhado em suas lembranças...

— O que estariam fazendo neste exato momento Marie e os outros... Estariam bem?

— Frederic, incomodo você?

— Victorien, quanto tempo! Absolutamente.

— Por ordem maior venho falar com você. O que tenho a dizer não está de acordo com o que eu esperava.

— Aconteceu alguma coisa?

— De certo modo...

— Com você?

— Acredito que o que tenho a dizer se relaciona a nós dois...

— Estou preocupado...

— Não há necessidade para tanto.

— Então diga, meu amigo!

— Ouça com os ouvidos do coração...Vou partir logo...

— E retornará quando?

— Estou partindo para mais longe do que jamais fui. Não se trata de um trabalho de resgate, mas, sim, da minha ida para uma nova morada...

— Entendo...

— Mas, antes, quero que você compreenda. É chegado o momento da aquisição de novas experiências, de realização de novas tarefas. No entanto, acompanharei seu caminho onde quer que esteja, pois o amo como um filho e tenho certeza de que por seu esforço e dedicação logo nos encontraremos nas esferas mais altas, nas quais aceitaremos melhor os desígnios da evolução.

Com os olhos marejados, o músico esboçava toda a tristeza pela distância que existiria entre eles.

— Filho... Eleve o seu pensar. Permita que eu o ajude a relembrar um fato importante do nosso passado.

Imediatamente, com os olhos fechados e o pensamento em súplica, ele viajou no tempo, ganhando épocas distantes...

Em outras primaveras, reconheceu-se em uma criatura de aparência rústica, conduzindo suas ações sem o menor conhecimento de causa das Leis do Amor. Um homem que, embora ciente de suas responsabilidades, não enxergava com maior amplitude os efeitos da vida. Tinha um corpo franzino e sofria dificuldades com sua família humilde. Interiormente perturbado por sua suposta fraqueza, preenchia a mente e o coração com conflitos, desnorteando a sua saúde física, comprometendo a estabilidade espiritual. Os seus passavam por inúmeras dificuldades, mas superavam os obstáculos da dor, sem se revoltar contra Deus. Embora não percebesse, alimentava uma crescente inconformidade por não ter melhores condições para poder ajudar a todos. O pobre ser debatia-se na própria alma com a visão distorcida da verdade. Caminhava acreditando em uma situação melhor, até que sua mãe desencarnou vítima de uma doença fatal. Foi testemunhando o desencarne de cada um dos entes queridos e, no momento crítico de sua vida, tentou o suicídio, que só não se consumou pela força e amor dos amigos espirituais que buscavam constantemente reestruturar seu pensamento envolvido por mentes doentias e sentimentos de vingança. Passou então a acreditar que tudo aquilo estava acontecendo por punição dos céus e se distanciou de Deus. Um dia, no auge da dor, caiu de joelhos, orando fervorosamente, percebeu o tolo que havia sido naquele período, permitindo ser amparado, embora não percebesse.

Frederic percebeu que o Pai não nos desampara jamais e que os corações afins dividem conosco as felicidades e as tristezas, estejam eles onde estiverem. A lição de amor apresentada pelo processo regressivo recordou a verdade, pois lá estava Victorien em Espírito ao lado de seu amigo, de seu irmão, amparando-o juntamente com a Espiritualidade responsável por sua evolução no momento mais frágil, erguendo-o para que não fosse derrotado por si mesmo.

Com os olhos marejados, ele compreendeu a intenção daquelas lembranças, daquele quadro revelador. Estiveram tão próximos em sentimento e pensamento por tantas vezes, embora separados fisicamente pela condição evolutiva!

— Estarei com você sempre que permitido, filho. A nossa amizade é um sentimento nobre que não se enfraquece pelo tempo ou pela distância. Permaneceremos ligados pela emoção sincera que nos aproxima e, acredite, muito em breve voltaremos a dividir a mesma morada, dentre tantas outras na Casa do Pai.

— Vá em paz... Despeço-me de você certo do reencontro próximo. Estaremos sempre unidos pelos laços do coração que nos aproximam cada vez mais pelo sentimento universal.

E, entre outras palavras, os dois amigos compreenderam interiormente a realidade da ascensão do ser. Ambos logo encarnariam em mundos diferentes a fim de dar continuidade ao crescimento espiritual de cada um, na caminhada evolutiva que compete a todos nós.

Capítulo XI
PLANEJAMENTO REENCANATÓRIO

Depois de tudo o que passei, de tudo o que vi e senti, por que ainda não consigo entender muitas coisas? Quantas lembranças ainda ameaçam meu bem estar... Por que mesmo aprendendo e trabalhando em prol dos necessitados, eu não me livro desses sentimentos ruins?

— Está divagando, Frederick?

— Olá Baltazar, estava aqui pensando em tantas coisas...

— Eu sei, Frederick, mas posso lhe dizer que não é só o que fazemos aos outros que nos ameniza as dores do passado e do presente...

— Do passado e do presente?

— Sim meu amigo, muitos ainda se enganam achando que só o passado guarda as dores, o presente também repercute em nossas atitudes ruins... plantamos no passado, colhemos no presente... Plantamos no presente, colhemos no futuro, ou no próprio presente, entendeu?

— Quanta responsabilidade!

— É verdade, na medida em que vamos nos aproximando da essência de Deus, vamos compreendendo melhor nossos compromissos na caminhada evolutiva.

— Baltazar, por que não sabemos de tudo isso quando reencarnamos?

— Frederick, acredite, nós sabemos, mas não fazemos o que nos programamos para viver na matéria.

— Como assim, programar a vida na matéria?

— Meu amigo, todos temos conflitos e muitos deles são responsáveis pelo nosso desequilíbrio. Daí suplicamos por mais uma chance para corrigirmos o que não foi correto...

— Todos nós passamos por este momento da programação reencarnatória?

— Vamos dizer que a grande maioria...

— Por que a grande maioria e não todos?

— Entenderá aos poucos... O mais importante é saber que muito em breve você estará nesse momento...

Frederick havia sido transferido para um posto socorrista chamado Sentinela, nas imediações do Umbral, e Baltazar havia sido convidado para ser seu orientador no processo de aprendizado e preparação para uma próxima reencarnação.

A saudade de seus amigos era intensa e muitas vezes encontrávamos o maestro chorando pelos corredores; isso se dava quando ele se deparava com a própria consciência. Meses se passaram e Frederick continuava a lutar contra suas tendências, procurando servir mais e aprender mais...

— Meu amigo, iremos participar de um trabalho muito importante...

— Baltazar, será que estou pronto para acompanhá-lo?

— Estaremos bem...

— É algum resgate?

— Sim, iremos ao socorro de alguns espíritos...

— Iremos só nós dois?

— Estaremos acompanhando um grupo até o lar de alguns encarnados...

— E nós iremos para fazer o quê?

— Você verá, Frederick, você verá...

— Quando partiremos?

— Agora mesmo!

— Mas não temos que ter um tempo para nos preparar?

— Será que a dor do próximo irá esperar até que você fique pronto?

— Tem razão, Baltazar, ainda estou muito egoísta...

— Todos temos muitos destes vícios, mas é chegada a hora de transformá-los em virtudes, vencendo o medo...

— Mas estou com medo!

— Façamos a ligação com Deus e confiemos... Não podemos nos entregar ao medo. Precisamos da coragem que é combustível para o motor da evolução...

— Espero que dê tudo certo...

— Não estou vendo em você a fé da qual precisa...

— Eu sei, mas estarei tentando...

— Vamos, eles já estão nos aguardando na frente do posto...

— Mas já? Como sabe?

— Vamos, meu amigo...

Chegando à frente do posto, se depararam com um grupo de espíritos quietos, sisudos, de poucas palavras, que apenas olharam para Frederick...

— Baltazar, eu esperava por um grupo de...

— Socorristas? Mas eles são socorristas!

— Para onde vamos? Estamos participando deste trabalho de forma direta?

— Quando chegarmos lá, você verá!

Baltazar envolveu Frederick em suas preces e juntos com o grupo adentraram uma casa em que muitos espíritos de ordem inferior faziam a guarda, vampirizavam e influenciavam a todos que moravam ali.

— Baltazar, quem são estes?

— São criaturas de Deus que ainda não entenderam o verdadeiro sentido da vida...

— Por isso são tão ruins?

— Ruins, Frederick? Espíritos ruins?

— Sim!

— E como você nos define?

— Espíritos bons... Não fazemos o que eles fazem...

— Tem certeza que nunca fizemos o que eles estão fazendo agora por ignorância?

— Mas não fazemos mais...

— E não fazemos por quê?

— Porque estamos em uma outra fase da evolução...

— E você não pensa que eles também merecem a mesma oportunidade que tivemos no passado?

— Mas eles não querem...

— E você quis de uma primeira vez a sua mudança?

Neste momento, Frederick se viu nas mesmas condições, fazendo as mesmas coisas em outros tempos e entendeu o "flash" que acendeu em sua consciência...

— Desculpe, Baltazar, por mais uma atitude impensada e infantil.

— Frederick, todos estamos aprendendo e estes momentos são concedidos pelo amor para que aprendamos a amar na sua verdadeira e mais profunda essência.

— Entendi...

— Agora fiquemos atentos, temos muito que aprender.

Neste momento, após todos os devidos cuidados tomados, o grupo socorrista permitiu ser visto e no mesmo instante o líder daquele grupo de espíritos ignorantes exclamou:

— Quem são vocês?

O grupo socorrista continuou em silêncio... até que...

— O que querem, respondam logo. O que fazem aqui?!

— Viemos informar que acabou o momento de dor desta família...

— Quem você pensa que é para dizer o que temos que fazer?

— Já judiaram bastante destas pessoas...

— Você sabe a qual grupo pertencemos?

— Isto não será empecilho...

— Seu arrogante e prepotente!

Quando o líder do grupo obsessor disparou energias envenenadas na direção dos socorristas, elas se agigantaram e como uma onda avassaladora atingiram alguns dos obsessores que estavam mais próximos de seu líder, ficando todos imóveis.

— Baltazar, o que está acontecendo?

— Preste atenção na região central deles...

— Existe uma luminosidade...

— Isso mesmo, a energia antes negativa em contato com a energia do grupo socorrista desencadeou uma ação contrária, propiciando uma barreira mental para que possam ser levados e auxiliados aqueles que o queiram...

— Baltazar, quem é ele?

— Um socorrista, Frederick, um socorrista...

— Mas por que precisa desta imagem sisuda?

— Todos ainda temos uma imagem sisuda, seja por dentro ou por fora, por alguns instantes ou por momentos mais prolongados, não é mesmo?

— Por que vieram ajudar os moradores desta casa?

— Na programação reencarnatória, aceitaram passar por estes momentos...

— Mas então estes espíritos obsessores estavam beneficiando o cumprimento das tarefas deles?

— Mais ou menos, meu amigo...

— Então, por que vieram?

— O grupo obsessor foi a reação de uma ação com a qual se comprometeram no passado e o socorro, a reação de uma ação do propósito no bem e para o bem de todos.

— Se tudo está resolvido, o que viemos fazer aqui?

Neste momento, Baltazar se aproxima de uma extensão da casa e, com uma prece fervorosa, liberta um espírito que estava naquele lugar há séculos, prisioneiro daquela falange do mal, prestando, assim, o devido socorro.

O orientador de Frederick, olhando para o líder da caravana, acena com a cabeça em sinal de agradecimento, vendo-os partir assim como chegaram... em silêncio.

— Baltazar quem é esta?

— É minha filha...

— Oh, me perdoe a intromissão, eu não sabia!

— Não tem problema

— O que faremos agora?

— O que você fará agora?

— Eu ?! Como assim?

— Vê estas energias enfermas, estas formas-pensamentos?

— Sim...

— Você precisa ajudar a higienizar o ambiente...

— Mas eu não sei se consigo...

— Mesmo depois de tudo que já presenciou, ainda se vê sem forças para realizar algo bom?

Frederick envergonhado entendeu de pronto o que deveria fazer... Cerrou os olhos e em uma prece sentida elevou o padrão vibratório daquela casa...

— Oh, Pai que tudo vê e que tudo sabe, eu Vos imploro pela vida em abundância, pela luz que nos conduz até vós... Fazei de mim um instrumento de Vossa vontade... Que Vossos olhos sejam por alguns instantes os meus, a fim de auxiliar com uma melhor visão... Que a Vossa vontade seja minha vontade, propiciando entre todos Vossos filhos a paz e a esperança, assim como a saúde neste lar... Que nestes corações haja motivos para amarem, que nesta casa haja luz para Vos enxergarem e todo o bem expandir...

Na medida em que o maestro pronunciava as palavras, o ar fluídico antes poluído se transformava em um ar rarefeito que alimentava os pulmões físicos de todos aqueles que ali estavam, modificando para melhor todo o ambiente.

Baltazar, envolvendo seu socorrido em prece e em energias salutares, retorna com Frederick ao posto Sentinela para os devidos cuidados e próximos aprendizados...

Frederick, todos os dias a partir daquele do socorro, se questionava sobre os socorristas tão sisudos, porém seu orientador não sentiu a necessidade de mais informações a respeito de quem eram e por que realizavam aquele trabalho.

Baltazar, aproximando-se, disse ao maestro:

— Meu grande amigo, chegou o momento de ter algumas respostas... Venha comigo.

Frederick, achando que seu orientador o havia chamado para conversarem sobre os socorristas e o resgate de sua filha, questionou-o:

— Para onde vamos?

— Para o passado, o presente e o seu futuro...

— Não entendi...

— Você vai entender...

Pouco tempo depois, Frederick e Baltazar entravam em uma sala de projeções e logo os pensamentos do maestro passaram a ser reproduzidos em uma tela bem à frente de seus olhos.

Os pensamentos deram lugar às lembranças e logo Frederick começou a assistir a algumas cenas de suas vidas anteriores...

Sorrisos, lágrimas eram as reações comuns naquele episódio em que o coração falava mais alto do que a razão, enquanto Baltazar o assistia e o envolvia, sustentando-o em alguns momentos de profunda tristeza.

— Estou aqui com você, meu amigo...

Frederick não falava nada, apenas assistia ao filme de suas vidas e expressava suas emoções...

Encerrado aquele período concedido para recobrar algumas das suas memórias, o maestro ficou dias sem querer ver alguém ou conversar com quem quer que fosse... Baltazar o visitava todos os dias na esperança que sua aproximação o ajudasse a se abrir...

Em uma manhã, seu orientador adentrou o quarto e com um olhar terno lhe perguntou:

— Precisa de algo, meu irmão?

— Preciso conversar com você...

— Estou aqui para ajudá-lo...

— Não consigo lidar comigo mesmo, me confortar com tudo o que fiz de ruim tantas vezes e para tantas pessoas...

— É chegado o momento de dar início à paz em sua consciência.

— Diga-me como consigo fazer isso, de preferência em pouco tempo...

— Reconhecendo que precisa mudar.

— Está brincando comigo? Isto não fará com que minhas dores cessem...

— Mas vai ajudar...

— Você e suas incógnitas.

— Digo de forma clara como o dia de hoje, não espere que o primeiro passo seja o último, meu irmão...

— Como me livrar deste sentimento de culpa?

— Não nos livramos e sim, transformamos.

— Então me diga como faço esta transformação porque não estou mais aguentando...

— Mudando sua maneira de sentir, pensar e agir.

— Como assim?

— Fazendo diferente e melhor.

— Ficarei para sempre assim...

— Claro que não, como lhe disse, chegou sua hora, sua redenção consigo mesmo...

— Por favor, seja mais direto!

— Reencarnando!

— Você acha que tenho condições de fazer diferente e melhor do que já fiz no passado?

— Temos a certeza que sim.

— Temos?

— Sim, quando desejar, iremos procurar o irmão Simão que lhe dará todo o esclarecimento necessário para que escolha bem e melhor o caminho a trilhar na próxima existência física...

— Quando poderemos ir?

— Agora, se estiver se sentindo bem.

— Eu irei reencarnar em breve, Baltazar?

— Você irá se sentir melhor.

— Estarei fugindo de tudo isto que me atormenta?

— Melhor que isso, meu irmão. Estará corrigindo as coisas e por isso se sentirá melhor.

— Podemos ir agora...

— Eu o ajudo, Frederick.

Após um período com o irmão Simão, Frederick estava mais calmo e mais confiante no sucesso reencarnatório.

— Eu me lembrarei de tudo isso?

— Inconscientemente sim...

— E se eu me perder de novo?

— Eu me comprometi a ser seu orientador espiritual na Terra.

— Você fez o quê?

— Sim meu irmão, estarei ao seu lado em todos os momentos para que se sinta seguro e para que consiga desenvolver suas melhores tarefas consequêciais.

— Mas são tantos que prejudiquei no passado...

— Frederick, um passo de cada vez. Primeiro acertaremos o que pode ser corrigido com aqueles que dividirão o seu período reencarnatório; depois, em uma outra oportunidade, com uma outra programação, você aos poucos irá se libertar de toda esta culpa.

— Baltazar, você, o irmão Simão e todos do Ministério do Esclarecimento me ajudaram tanto nas escolhas, nas opções de um alcance maior na evolução moral... Mas a cada dia que se aproxima aumenta o medo...

— De agora em diante, procure otimizar seus dias, seus pensamentos, sentimentos... Tudo dará certo!

— Mesmo depois da programação, estarei com as pessoas que quero estar e na condição que...

— Estará com aqueles que precisa estar e na condição necessária para o cumprimento de sua programação.

Frederick retorna à Colônia Escola para iniciar o processo de sua reencarnação...

Capítulo XII
Reencarnando

Havia passado um bom tempo depois da partida de Victorien e Frederic já tinha participado de seu planejamento reencarnatório, obtendo informações sobre suas tarefas, assim como sobre a preparação necessária para as futuras realizações...

Em meio a tudo o que estava acontecendo, precisava conversar com alguém...

— Schubert, tenho medo de fracassar.

— Não traga para si incertezas. Deposite no coração a confiança e a certeza do sucesso de seus passos. Encha os pensamentos com o otimismo, pois irá auxiliá-lo no cumprimento das obrigações para com a própria consciência nesta oportunidade que você conquistou.

— Temo desviar-me pela incompreensão ainda existente em mim...

— Todos nós convivemos com nossas próprias imperfeições, mas o Amor do Pai nos sustenta para que estejamos preparados para aperfeiçoar nossas ações e condutas, renovando nosso ser. Acredito em você, em suas possibilidades, em seu coração e em sua arte. Caminhamos juntos, meu amigo. Lembre-se de que, diante das dificuldades, estaremos torcendo pelo seu progresso, pela sua evolução.

— Sei disso...

— Jesus está conosco, por isso não olhe para trás. Permita-se viver a vida física com alegria, colhendo e distribuindo sorrisos com sua música. Seja feliz!

— Agradeço o seu carinho e amizade.

— Não me agradeça. Todos nós somos merecedores desta dádiva, que é o Amor fraterno.

E assim, o músico, aos poucos, se despedia temporariamente dos amigos que conquistou e que reencontrou no regresso espiritual, já que em outros tempos, lá esteve para a aquisição dos conhecimentos em sua existência física anterior.

Frederic despediu-se de todos, um a um.

— Swellen, sei do carinho de todos e jamais me esquecerei.

— Você é para nós o Irmão que parte, que mergulha no envoltório carnal a fim de progredir. Estaremos com você! Vá em paz, meu amigo.

Ele caminhou sozinho entre as alamedas da Colônia Escola, refletindo sobre todas as situações que o fortaleceram, que o estimularam no propósito do bem em sua nova jornada. Guardando em seu coração a vibração de paz e esperança que seus amigos emanavam, chorou, demonstrando a gratidão pela Infinita Misericórdia Divina que o envolvia com muito Amor.

Em seus pensamentos passavam trechos das lembranças de existências físicas anteriores, os acertos, os desacertos e equívocos que, aos poucos, eram substituídos pelo crescimento moral que lhe elevava o Espírito. Levado pela reflexão, no limite de seu entendimento, passava a compreender a vida e suas causas, Deus e o Amor, os mecanismos que permitiam a evolução das criaturas pelo esclarecimento. Como era belo enxergar o que antes não conseguia ver!

O aprendizado que desenvolveu no período espiritual se somava às experiências adquiridas pelo tempo e espaço. Os olhos contemplavam o mais alto, Amor de Deus que o fizera despertar sussurrava-lhe aos ouvidos do coração frases de estímulo, de progresso, revigorando-o com as possibilidades de sucesso que surgiriam com a iminente reencarnação.

Ao piano, Frederic interpretava um tema novo que despertou nele a importância daquele momento, levando-o a uma profunda comoção, despertando-o para a responsabilidade do reencarne.

As estrelas brilhavam no céu na noite em que regressou ao veículo físico, irradiando luzes que iluminavam o início de uma nova vida corpórea, de mais um aprendizado no ciclo de esclarecimentos. O corpo pequenino e frágil dava os primeiros suspiros de uma jornada em que o tempo e a determinação se encarregariam de criar o seu melhor, impulsionando suas virtudes, enfraquecendo suas tendências que vitimaram o ser fracassado de outrora.

Em sua vestimenta carnal, o Espírito dele ainda guardava a lembrança acentuada das promessas e aspirações, registrando as orientações dos amigos espirituais que o auxiliavam a caminhar para que encontrasse em si mesmo a alegria do dever cumprido, da consciência tranquila.

O Espírito reencarnante desenvolvia seu aprendizado durante os anos que se passavam, adquirindo bagagem para a aquisição de novas experiências, que lhe proporcionariam o amadurecimento necessário para as realizações.

Ainda criança, ele revelava um profundo deslumbramento em relação à música e, com as intervenções do amor de seus pais, que com extremo carinho e dedicação o apoiavam nas decisões que precisava tomar, reerguia-se perante a vida, fortalecendo os passos no decorrer de sua existência para a continuidade da caminhada por meio da Infinita Misericórdia de Deus. Porém as dificuldades, aos poucos, surgiam em sua frente, lágrimas escorriam pela face e a tristeza chegava e permanecia em seu coração, na medida em que se aproximava da idade adulta. Era o passado que se apresentava para a correção, para o reajuste com a própria consciência. Embora naquele momento não tivesse conhecimento dos fatos do passado, algo nele direcionava a mente e o coração ao sublime Amor do Pai que não castiga nem impõe o sofrimento a quem quer que seja.

Ao seu lado, amigos do espaço lhe inspiravam coragem, força e paciência para que não fraquejasse diante das atribulações da vida. E o rapaz, mergulhado na energia positiva, superava as próprias limitações, aprendendo a ser melhor, a estar bem em momentos de aflição.

Logo desenvolveu seu conhecimento musical atuando com a melodia e a harmonia que sensibilizava os corações daqueles que ouviam os acordes da alma daquele ser, ressoando em luz e paz um sentimento sincero adquirido pela renovação. Os momentos proporcionados aos admiradores de sua arte o deixavam extremamente grato, mas, desta vez, ele resguardava com humildade o seu brilho interior.

Seus pais desencarnaram felizes, cada um ao seu tempo, ao constatarem as conquistas morais que o filho, encaminhado ao Bem, soubera assimilar para o desenvolvimento de seu futuro. Foram pessoas de posses, igualmente de corações generosos que não mediram esforços para auxiliar o próximo no que podiam. Completaram aquele período existencial com dignidade e, embora com dificuldades, jamais se esqueceram do compromisso assumido com o Amor para o aprendizado do Espírito em suas realizações.

O jovem, após o desencarne dos pais, transformou-se em um homem dedicado aos estudos e bondoso com os demais semelhantes, não esteve isento de tristezas, assim como de decepções, porém caminhava determinado em ser alguém melhor que ele próprio.

Assim, por afinidade, também atraiu aqueles que não pensavam da mesma forma, que não tinham os mesmos objetivos, gerando perseguições que atuavam para desmoralizá-lo.

Entre eles...

— Quem ele pensa que é?

— Ora, por que toda essa fúria?

— Não gosto dele. Atrás daquela aparente humildade se esconde um mentiroso prepotente!

— Não consigo entender você... Por que isso agora?

— Vou provar para você e para os outros quem ele realmente é!

— Para que e por quê?

— As pessoas estão sendo enganadas por alguém que não merece tantos aplausos e elogios.

— Mas para quê?

— Pela justiça... Pela verdade!

Era o passado que retornava para superá-lo!

A Providência Divina atuava para a conscientização dos seres envolvidos de ontem. Frederic, em sua encarnação, pôs de lado o orgulho que o atormentou durante o período pré-reencarnatório, trabalhando com Amor pela oportunidade de vivenciar o aprendizado adquirido na Espiritualidade.

— Como irá se aproximar do músico sem levantar suspeitas? Já pensou nisso?

— Suspeitaria de um amigo? Pois bem, nem ele!

— Está errado por pensar assim...

— Por quê? Só porque quero provar ao mundo que sou melhor que ele?

Quando não temos a visão espiritual dos acontecimentos, acreditamos equivocadamente ser o veículo da verdade, o agente da justiça que julga e condena a penas inimagináveis o algoz eleito por nós, sem jamais percebermos que nós mesmos é que nos transformamos em perseguidores.

Começava o processo de reabilitação do compositor, assim como de alguns outros. Envolvido por situações contrárias as do Amor, se via entre difamações, calúnias, injúrias e provocações que o afligiam e o faziam chorar.

Inúmeras vezes foi consolado pelos braços generosos do silêncio, calando-se diante das ofensas feitas...

Enquanto isso o seu perseguidor...

— Precisamos agrupar mais mentes para o cumprimento de nosso objetivo...

— Nosso?

— Ora, não o defenda!

— Será que você está agindo de forma certa?

— Claro que sim! Veja quantas pessoas compartilham do nosso pensamento!

— Receio não dividir os mesmos sentimentos...

— Como? Por acaso é um covarde?

— É o que entende por covardia?

— Suma daqui! Suma daqui seu imprestável, seu fraco!

Somos viajantes do Universo, porém únicos residentes em nossas próprias consciências, libertos ou enclausurados pelos nossos sentimentos, pensamentos e ações. A afinidade nos aproxima daqueles com os quais compartilhamos os mesmos interesses. A evolução humana apresenta-se com inúmeras diferenças, produzidas tanto pelas virtudes quanto pelas imperfeições, deixando a cada um a livre escolha por trilhar por um ou por outro caminho.

A criatura confusa que buscava inserir a raiva, a inveja pelo outro, estava aprisionada a mentes menos felizes que alimentavam a sua queda, que ampliavam os fragmentos daquele sentimento de vingança que ainda existia em si.

— Ainda verei este infeliz sofrer muito!

Neste momento, entra na casa do agressor, uma figura reluzente que, ao se aproximar dele, o envolve em luz, falando aos ouvidos do coração, na acústica da Alma.

— Filho, não permita que as sombras ganhem espaço em seu coração. Deixe que o Amor, em exercício, o auxilie na terapia do autoconhecimento, na qual perdoamos e somos perdoados por nós mesmos e por todos aqueles que anseiam por um dia entenderem a essência do ser fraterno.

Naquele instante, despertou em seu interior uma força gigantesca que reprovava o seu pensamento e as suas atitudes para consigo mesmo e para com o próximo, afastando temporariamente aqueles que o influenciavam...

— Meu Deus, o que estou fazendo?

O Espírito falou carinhosamente:

— Recorde-se do bem existente em você, da amizade que sente por ele e que aprendeu a valorizar, meu filho!

Aos poucos, a consciência daquela criatura o levou a uma atitude sensata e digna, após tanto relutar, foi procurar o músico que não compreendeu a visita inesperada...

— Não entendo suas palavras nem o seu pedido, porém

posso afirmar que nada tenho contra você, se isso puder aliviar-lhe o coração.

— Por algum tempo venho caluniando-o, fortalecendo os rumores para sua queda e assumo que foi por inveja. Perdoe-me!

— Nada tenho que perdoar, mas, se você ficar melhor com isso, vá tranquilo!

Envergonhado e ao mesmo tempo feliz por sua atitude, aquele ser despediu-se do músico e retornou a sua vida, modificando a postura a partir daquele dia. Era uma sensação diferente que o seu Espírito experimentava. A dor moral havia retirado o véu de uma realidade que antes não queria enxergar. Após a superação do conflito interior, começou a lutar contra as tendências que o atracavam ao porto dos próprios equívocos, retomando a sua rota de busca pelo melhor.

Diante deste fato, o músico recordou-se de uma situação similar que lhe aconteceu na noite anterior, na qual não observou a mesma humildade apresentada por aquele homem, que tão bem soube ser nobre.

Em um breve despertar, ganhou as alamedas da vida em busca de sua conscientização, chegando a uma casa simples onde logo foi convidado a entrar.

— Graças a Deus, o senhor está aqui!

— Desculpe...

— O senhor não precisa se desculpar... Só pedimos a sua ajuda por não termos mais ninguém a quem recorrer após a morte de seus pais.

Tratava-se de um casal que havia prestado serviços domésticos na casa do músico e que, por causa da idade avançada, tinha sido dispensado do trabalho, passando a viver em outro local cedido pelos antigos patrões.

— Ontem à noite quando me chamaram...

— Meu filho, se assim posso chamá-lo...

— Claro...

— O que nos importa é a sua presença, a sua bondade em atender nosso chamado.

— O que posso fazer por vocês?

— Meu marido está doente e não tenho condições de pagar o tratamento...

— Vou agora mesmo procurar um médico e trazê-lo para cá.

— Deus o abençoe...

Com os olhos marejados, ele chega ao local destinado e, após alguns minutos, vai acompanhado para a casa do doente. Lá chegando, o médico rapidamente examina aquele senhor. Tratava-se de uma doença rara e fatal que já estava em sua fase terminal, o que não dava nenhuma esperança. Ao falar da gravidade do quadro aos dois presentes, o músico ajoelhou-se diante da cama e pediu ao mais Alto pela cura daquele ser que descobriu respeitar e amar.

— Deus o abençoe, meu filho. Agora morro em paz..., dizia-lhe o moribundo.

E com estas palavras, o senhor despediu-se do plano físico, retornando à Pátria Espiritual. O compositor emudecido, sentindo-se culpado, bruscamente levantou do chão e partiu angustiado e totalmente descontrolado. Por sua vez, a senhora que ficou com o médico preocupou-se com as despesas do atendimento e com as providências que seriam necessárias.

— Não se preocupe. A quantia que me foi enviada é suficiente para pagar a consulta e também para cobrir as despesas com o funeral.

Durante a cerimônia do sepultamento, o músico entre lágrimas e tristezas, sentia-se mais culpado.

— Por quê? Por quê?

— Meu filho, não se sinta assim. Todos nós morremos...

— Eu fui o culpado...

— Jamais volte a dizer isso, pois não sabe se era da vontade de Deus.

— Poderia ter evitado...

— Nem tudo podemos evitar com o prestígio ou com o dinheiro... Seja corajoso! Quero muito bem a você...

— Ele está morto...

— Eu não acredito na morte. Sinto que ele vive em algum lugar e que muito em breve voltaremos a nos encontrar... Pense nisso também.

E assim, depois de alguns meses, aquela mulher também desencarnou, partindo ao encontro do companheiro de estrada na Vida Espiritual.

O músico, mais uma vez, sentiu a dor visitar-lhe o coração. As lágrimas escorriam pela face, disponibilizando a força interior da qual necessitaria para auxiliar a filha do casal que se encontrava em outra cidade.

Era inverno e ele caminhava rapidamente pela cidade em busca de resoluções que lhe tranquilizassem o coração. Confuso, não entendia por que o sofrimento resolveu bater em sua porta...

Trilhava pela estrada da própria consciência, desejando unir a razão e a emoção em um só sentimento que nem sequer sabia ser capaz de sentir. Em sua viagem interior, inúmeros questionamentos conduziam-no à realidade da vida, descortinando em sua mente imagens de situações e pessoas que desconhecia, embora o coração confirmasse o contrário. Precisava mudar de conduta, necessitava do amadurecimento espiritual para melhor compreender o que estava acontecendo com ele. Mas se submeteria a uma reforma interior? Sim! Era preciso e, a partir daquele instante, promoveu sua modificação, reafirmando-se um homem digno, que mesmo sendo reconhecido e aclamado por sua arte, não se distanciou do compromisso assumido com a verdade, com a sua tarefa.

Logo, a jovem que se encontrava distante daquela situação regressava do seu período de estudos para a terra natal.

— Você está tão diferente... Aconteceu alguma coisa?

— Após a morte de seus pais algo muito forte aconteceu comigo e, como que por um impulso, passei a enxergar a vida de outra forma.

— De que forma?

— Percebi que o que julgava ser prioridade nada significa se não compreender...

— Penso no que fazer agora sem minha família e de volta à minha casa...

— Como sem família? Você é para mim uma irmã do coração e, enquanto você quiser, ficará comigo.

— Eu não posso...

— Por quê?

— Sou uma estranha para você...

— Não diga isso. Você é filha de dois eternos amigos e com isso nossa amizade também merece o mesmo carinho e respeito.

— Eu não tenho palavras para agradecê-lo...

— Não me agradeça.

O espírito do músico, em visitas constantes ao porão de si mesmo, aprendeu a transformar algumas imperfeições em virtudes que o levaram a uma condição superior, quando comparada aos tempos de outrora.

Sua vida corria conforme o seu comando. Os concertos inundavam-lhe o ser pela emoção da música. Os aplausos o enchiam de estímulo, afastando qualquer sombra de orgulho que pudesse envolvê-lo e distanciá-lo de sua conquista. Era um novo homem em busca do homem novo que já existia dentro de si, aguardando uma decisão correta de vida para que, aos poucos, pudesse se manifestar.

Após o encerramento de seus concertos, podíamos ver o músico dando atenção a todos aqueles que se aproximavam dele.

— Meus parabéns! Sua música é para nós um reconforto da alma.

— Grato por seu elogio, senhora, mas acredito não ser merecedor...

— Como não! Deixe de modéstia... É um dos maiores compositores de nossa época!

— Fico sensibilizado e agradecido por sua comparação...

Neste instante, aproxima-se do casal um homem que esboçava um sorriso sincero e, com palavras verdadeiras, dirige ao músico elogios ímpares sobre sua postura musical.

— É realmente fantástica sua apresentação...

— Grato por tamanha gentileza...

— Este é meu filho, pianista e um profundo admirador de sua arte. Acompanhamos, quando possível, todos os seus concertos... São realmente fascinantes!

O músico, atento às palavras que eram ditas, buscava em sua lembrança recordar-se daquela pessoa que o elogiava ao lado da mãe, aprofundando-se por falar tecnicamente sobre seus acordes, quando, de repente, a imagem reveladora de onde o conheceu surgiu. Era o homem que lhe procurou humildemente em busca do seu perdão no dia em que mudou seu modo de ser.

— Meu bom homem, conheço você, não?

— Sim e não... Creio que a oportunidade em que nos falamos não foi suficiente para você me conhecer como sou hoje e sim como fui ontem, impulsivo e inconsequente.

— Ouvi uma vez de uma pessoa muito querida que o passado só nos serve como aprendizado, se realmente desejamos aprender com ele... Se vivermos o nosso presente da melhor forma possível, com certeza o nosso amanhã será bem melhor, meu amigo.

A conversa fluía naturalmente com as demais pessoas que chegavam perto do músico para cumprimentá-lo. Sua irmã do coração logo chegou ao seu lado, manifestando a alegria por vê-lo realizado diante do trabalho que realizava com o coração e, entre alguns olhares, não conseguiu disfarçar a avassaladora atração que sentiu por aquele homem que anteriormente se declarou admirador do compositor. A recíproca foi verdadeira.

Em pouco tempo, os dois seres apaixonados se casaram e passaram a morar com o músico no mesmo lar a fim de não deixá-lo sozinho, sem uma presença amiga que dividisse com seu coração bons momentos.

Meses se passaram e uma amiga distante, acompanhada da mãe dela, visitou o casal em sua casa e lá estava também o compositor.

— Quanto tempo!

— Como foram de viagem?

— Correu tudo bem!

— Este é meu marido de quem falei na carta.

— Como estão?

— Encantadas por conhecê-lo. E o grande artista? Está em casa?

— Sim, está em seu quarto, mas logo estará conosco...

— Falam de mim?

— Sim! Estas são as pessoas das quais lhe falei. A minha grande amiga que tanto me ajudou nos anos em que estive fora e a sua mãe.

— Sejam bem-vindas em nossa casa.

— Obrigada, senhor.

Naquele momento, algo despertou no músico. Um sentimento novo e antigo inundou o seu ser. Quem seriam aquelas duas criaturas que despertaram nele profunda admiração e carinho?

— Senhora, viajaram sozinhas?

— Sim, senhor... Só temos uma à outra neste mundo.

— Sinto muito...

— Não há necessidade de se lamentar... Somos felizes e muito mais por estarmos em tão boa companhia nos dias que certamente serão muito agradáveis. Agradecemos desde já a hospitalidade.

O olhar dele não conseguia desviar a atenção daquela senhora e sua filha, fazendo surgir uma vaga lembrança.

— Temos ouvido falar muito de sua *performance* musical. Algumas cidades o julgam um gênio, o que certamente define seu talento.

— Obrigado, mas busco apenas exteriorizar o que grita em meu coração, transmitindo palavras singelas em forma de notas que sustentam os acordes vindos do meu sentimento. Sabe música?

— Quando criança, comecei a estudar, mas confesso não ter me aprofundado tanto quanto você...

— Você tocaria para nós?

— Para um virtuoso?

— Para amigos...

— Sendo assim...

Foram momentos muito agradáveis enquanto permaneceram naquele lar. O músico que as adotou como irmãs do coração sentia um profundo respeito pela senhora, pela filha, um sentimento avassalador do qual conseguiu renunciar, sublimar diante das adversidades que a vida lhe apresentou até a despedida.

O tempo passou muito rápido. O casal teve um filho, uma criança que nasceu com várias deformidades no corpo, limitada a realizar apenas algumas atividades comuns à sua idade. O menino, embora não compreendesse claramente o motivo daquelas diferenças, aceitava a situação sem revolta, amparado por seus pais e pelo músico que o cercavam de carinho e atenção.

E assim viveram anos após anos...

Capítulo XIII
O Reencontro

Era noite e todos os amigos estavam ao redor da cama do compositor pedindo a Deus que o recebesse em seus braços. Em sua mente recordava seus tempos de criança, seus pais que o cercaram sempre de muito amor, disponibilizando recursos para que se tornasse um homem de bem, um artista que soubesse e pudesse despertar nos outros alegrias e sorrisos com a sua arte. Era grato àquelas criaturas que tão bem souberam direcionar-lhe os passos para que, no despertar da consciência, tivesse condições de entender as responsabilidades da vida do ser humano, aprendendo a respeitar o próximo sem esperar ser respeitado.

Um pai que o acompanhou com extrema amizade, sustentando-o com admiração e respeito às suas boas tendências até os últimos dias daquela existência física. Uma mãe que, mesmo com dificuldades respiratórias, entre outras, não se deteve para encaminhá-lo ao Bem, ao percurso do respeito ao Amor que tão bem percorreu...

Contemplou ainda a sua família que tanto amava e por quem era amado, assim como as senhoras que o envolveram com tanta ternura no decorrer de sua vida, além dos amigos que o respeitavam verdadeiramente não só como um artista, mas principalmente como um ser humano.

E, mergulhado nesta energia salutar, o músico, em um sorriso sutil, despediu-se fisicamente de todos. Era o Amor do Pai que se cumpria por mais uma oportunidade concedida para o seu adiantamento moral e espiritual. Ao lado dele, amigos espirituais o aguardavam para levá-lo à verdadeira vida, aconchegando-o após o desligamento para os primeiros cuidados daquele que retorna de uma longa viagem.

No funeral, a presença de várias pessoas daquela e de outras cidades se despediam dele com preces fervorosas em um ato de Amor à sua pessoa e obra. Aplausos em uníssono adeus àquele que tão bem soube respeitar o semelhante, voltava tranquilo à verdadeira vida, vitorioso diante de tantas vezes que já havia retornado derrotado por si mesmo.

Ao despertar na Pátria Espiritual...

— Onde estou?

— Seja bem-vindo ao lar, meu filho.

— Eu a conheço?

— Descanse... Canalize as energias para a sua recuperação.

— Por favor, pode me dizer onde estou?

— A morte não existe e, para aqueles que cumpriram dignamente suas responsabilidades, há vida em abundância com saúde e paz de consciência. Agora descanse.

Ele retornou ao Posto Socorrista, levado pelos laços de simpatia, para sua continuidade como espírito vivo e atuante no Universo.

Deus, em Sua Infinita Misericórdia, apresenta pelo ciclo das sucessivas experiências o verdadeiro significado da pluralidade das existências, das inúmeras oportunidades para a correção dos nossos atos falhos em um passado equivocado, mantido pela ignorância. O músico teve e soube entender seu recomeço e, ao retornar à Vida Espiritual, voltou, após os tratamentos, para a Colônia em que prestou colaboração antes da reencarnação para dar sequência aos estudos e trabalhos.

E qual não foi a sua felicidade quando reconheceu naqueles Espíritos participantes da experiência física anterior seus amigos. No casal que adotou como irmãos, a presença de Isabelle e François; no filho do casal, Barlok. Nas senhoras que despertaram nele tamanha emoção no primeiro encontro, Marieanne e Marie; e, como seus pais, Pierre e Madeleine que tão bem souberam vivificar as experiências sobre a importância de viver dignamente, verdadeiramente inclinados ao Bem.

Na mesma sala de música onde Frederic despediu-se dos seus, se reencontraram para agradecer a Deus a oportunidade que os aproximou e fortaleceu os laços daquela grande família espiritual que permanecerá para sempre.

FIM

OPINIÃO

Refletindo sobre "Do Ódio ao Amor", busquei mergulhar em mim, descobrindo mágoas que ao longo do tempo insistem em ficar. Recordei lembranças que retornam com facilidade, a semelhança de brasa que, quanto mais assopramos mais queima, as más recordações, da mesma forma, quanto mais insistimos parece queimar com maior intensidade.

Percebi o coração bater apressado, as emoções alteradas, o rosto apresentou rubor.

Estaquei.

Coloquei as emoções em calma, enfim, as reações serviram para análise.

Recordei Gandhi, o apóstolo da não violência: "O amor liberta, o ódio aprisiona".

Pensei em Jesus e Kardec...

Nas revistas, jornais, nas publicações científicas, na mídia, o caminho apontado é a necessidade de aceitação, brandura e Amor. Dizem até mesmo os cientistas que esses sentimentos são a fonte da tão esperada juventude. Portanto, as descargas hormonais que fizeram o corpo reagir por lembranças idas, não agradáveis, é claro, desgaste ao nosso físico. Ao contrário, pacificação é brandura na alma, é leveza, saúde, alegria e paz.

Novamente lembrei a bênção de Jesus, o Mestre do Amor e Kardec, o discípulo que aprofundou o bisturi na essência desse Amor, falando-nos de ação e reação, de Amor e ódio.

Ódio é raiva não resolvida, necessidades não satisfeitas e sofrimentos não reconhecidos que projetamos em uma pessoa, situação ou interiorizamos. Odiamos quem nos feriu, ou deixou de suprir nossos desejos ou nossas necessidades. Odiamos quem nos transformou em vítimas.

Quando se estagia no ódio perdemos o discernimento, só acalenta-se o desejo de vinganças, que não oferece espaço para mais nada. É a loucura total do Amor; ódio é o Amor doentio.

O Espiritismo, o Cristianismo redivivo, oferece subsídios para o despertar de consciências, redirecionando o pensar e o sentir, ensinando que o ódio não muda as pessoas nem as coisas que não gostamos, mas mudará você de forma destrutiva.

A literatura é repleta de descrições sobre as tramas deste sentimento doentio, necessitamos buscá-la para redirecionar nossa estrada em exemplos que nos propicie terapia de amorização. Primeiro passo:

Reconheça que traz este sentimento.

Pare de fixar o objeto de sua mágoa, olhe para você mesmo.

O pensar novamente reaviva as emoções, traz à tona a dor da mágoa, fixa em você com maior intensidade.

Quando se sentir ferido, ponha-se do outro lado e pense: somos agredidos se nós permitirmos; do contrário, o problema é do outro.

A raiva passa quando você muda a sua forma de pensar. Ninguém nos fere, nós é que permitimos a dor. Busque entender as diferenças de cada criatura.

Lembre-se: não podemos controlar nada, tão pouco os outros, a não ser a nós mesmos.

Recorde-se sempre de Jesus "O amor cobre a imensidão de pecados".

Amemos e sejamos felizes.

Antonio Carlos Laferreira

POSFÁCIO

Existe um momento em nossas vidas em que partilhamos os mesmos impulsos com todos os animais do Planeta: são nossos instintos que garantem a sobrevivência, a perpetuação da nossa espécie.

Com o tempo, os instintos dão origem aos primeiros vínculos emocionais. Isto pode ser facilmente percebido em uma relação mãe e filho, isto é, familiar. Este vínculo pode ser sentido em extremos de apego e desapego. Em seguida, como tudo se transforma, as emoções também. Do instinto ao vínculo, chegamos à tão falada paixão.

A paixão, apesar da imagem negativa de "sofrimento" que produz, tem seu lado saudável e outro patológico. Como praticamente tudo na vida, é preciso saber dosar. Paixão em excesso pode levar a sentimentos de ciúmes, posse e mesmo ódio. É como cavalgar um cavalo desgovernado. Se você mantiver a consciência nas rédeas de sua paixão, enxergando o outro como um ser livre da mesma forma que você é, há grandes possibilidades de realização, isto é, de alcançar, quando amadurecido, um amor pleno.

Outro passo no processo da transformação do ódio em amor é o entendimento da diferença entre emoção e sentimento. Descobrir a importância da estabilidade emocional, dar sentido às emoções, desenvolvendo, assim, os sentimentos.

O lado patológico acontece quando alguém se propõe a sacrifícios visando à recompensa. A pessoa desenvolve sentimentos de culpa por se obrigar a amar este ou aquele, apenas por exigência social.

Seguindo nosso caminho evolutivo rumo ao amor, nos vemos em um momento em que a busca por autonomia e independência leva alguns a competir por interesses pessoais e momentâneos, não amores. Por isso, é muito importante ficar atento para não permitir que nosso intelecto domine nossas emoções, levando a uma manipulação calculista e fria. A autoconfiança, que é um dos atributos do amor, em excesso, pode gerar arrogância e pretensão desmedidas. A aridez reprime os sentimentos.

Por outro lado, se aprendermos a aceitar as mudanças e principalmente a ouvir e respeitar nossos sentimentos, podemos fazer um importante movimento rumo a uma visão mais centrada do mundo, gerando prosperidade e amor.

Uma vez trilhada esta via de aprendizado que nos leva do amor adolescente, repleto de rompantes de raiva, ciúmes e, às vezes, até mesmo obsessão pelo(a) amado(a), para começarmos a partilhar o entusiasmo e o conforto gerados pelas transformações que um amor amadurecido e inteiro pode oferecer, essas mudanças são sentidas em vários níveis: no físico por meio de um bem-estar geral, seja no emocional, com mais estabilidade e confiança, ou mesmo se espalhando pelo mental para outras áreas da nossa vida, como trabalho e estudo e consequentemente o desenvolvimento espiritual também será aprimorado

O amor, em sua essência, é a busca pela alma e a ânsia pela comunhão. A maior parte das pessoas não está diretamente afinada com a sua essência espiritual. Por isso, a natureza, em sua compaixão pelos seres humanos, deu-nos a oportunidade de amarmos uns aos outros. Mas, como tudo na vida, é preciso identificar o estágio de conhecimento dessa emoção que estamos vivendo e desenvolvê-la até seu exercício maduro e consciente.

Atentar à seta que nos indica o sentido rumo ao amor é conquistar a eternidade no momento presente. Pense no amor. Fale sobre o amor. Busque o amor. Encoraje o amor. Comprometa-se a expressar o amor em cada interação que fizer nessa vida. Essa é a maneira pela qual sua alma se vale para lembrar da perfeição. Um exercício que vale a pena e que vai trazer recompensas além do que se pode esperar.

Todas as lições na vida são lições de amor. Viver uma vida espiritual significa buscar o amor em cada situação, em cada momento. Faça com que o amor seja a coisa mais importante em sua existência. Procure expressar seu amor. Ouça atentamente o que as pessoas estão dizendo. Expresse em palavras ou atitudes o afeto que sente por elas. Toque-as carinhosamente.

Em cada manhã, quando acordar, pergunte a si mesmo: “Como posso criar mais amor hoje?” “Como posso me abrir para receber mais amor hoje?”. Este exercício constante irá, aos poucos, revelar que muitas vezes o tortuoso caminho que nos leva do ódio ao amor, na verdade, é o caminho da nossa própria evolução. É provável que, muitas vezes, nos percamos por esta via de mão dupla. Mas as práticas constantes, aqui apresentadas, irão garantir para você a certeza de poder retomar seu caminho de transformação e aprimoramento. Ame, permita-se ser amado e seja muito feliz. Sempre.

Del Mar Franco
Expositora Espírita

ENRIQUEÇA SEUS CONHECIMENTOS

Meus Amigos Inteligentes
Marcel Benedeti

Se no passado, os animais eram vistos como objetos sem ação, que nada entendiam e que viviam pelo instinto, atualmente são considerados membros da família e grandes amigos.
As ideias do autor estão imortalizadas nesta obra. *Meus Amigos Inteligentes*, que apresenta informações fascinantes a respeito dos animais.

Qual a sua dúvida para o tema: A Espiritualidade dos Animais
Marcel Benedeti

Todos os animais são nossos amigos? Quais são os mais evoluídos? Os animais reencarnam? Essas e outras dúvidas do leitor encontrarão resposta nesta obra, que trata do lado sensível dos animais.

O Caçador de Espíritas
Agnaldo Cardoso

O leitor descobrirá um pouco de si mesmo em cada personagem, na medida em que todos eles são reunidos em um único local e começam a questionar seus valores, a falta de fé, ou a sua incredulidade na existência dos espíritos e no fenômeno mediúnico, fatos que conduzem o relato a um desfecho interessante e inesperado.

www.mundomaior.com.br